# Oser écrire

## DU MÊME AUTEUR

*Un été sans histoire*, roman, Mercure de France, 1973. Folio, 1977.
*Je m'amuse et je t'aime*, roman, Gallimard, 1976.
*Grands Cris dans la nuit du couple*, roman, Gallimard, 1976. Folio, 1982.
*La Jalousie*, essai, Fayard, 1977. Idées Gallimard, 1985.
*Une femme en exil,* récit, Grasset, 1979.
*Un homme infidèle*, roman, Grasset, 1980. Le Livre de Poche, 1989.
*Divine Passion*, poésie, Grasset, 1981.
*Envoyez la petite musique...,* essai, Grasset, 1984. Le Livre de Poche, Biblio/essais, 1987.
*Un flingue sous les roses*, théâtre, Gallimard, 1985.
*La Maison de jade*, roman, Grasset, 1986. Le Livre de Poche, 1989.
*Adieu l'amour*, roman, Fayard, 1987. Le Livre de Poche, 1988.
*Une saison de feuilles*, roman, Fayard, 1988. Le Livre de Poche, 1989.
*Douleur d'août,* récit, Grasset, 1988. Le Livre de Poche, 1990.
*Quelques pas sur la terre*, théâtre, Gallimard, 1989.
*La Chair de la robe*, essai, Fayard, 1989. Le Livre de Poche, 1991.
*Si aimée, si seule,* roman, Fayard, 1990. Le Livre de Poche, 1991.
*Le Retour du bonheur*, essai, Fayard, 1990. Le Livre de Poche, 1992.
*L'Ami chien*, récit, Acropole, 1990.
*On attend les enfants*, roman, Fayard, 1991. Le Livre de Poche, 1993.
*Mère et filles*, roman, Fayard, 1992. Le Livre de Poche, 1993.
*La Femme abandonnée*, roman, Fayard, 1992.
*Suzanne et la province,* roman, Fayard, 1993.

Madeleine Chapsal

# Oser écrire

Fayard

*à Victor*

C'est tous les jours qu'une femme ou un homme me prennent à l'écart pour me dire, comme ils me confieraient un secret : « Vous savez, j'écris ! »

Le regard se fait plus vif, cherche à croiser le mien, puis se retire. Si j'allais rire, me moquer, mettre en doute leur capacité, et même leur « droit » à écrire ?

Déjà on tente d'atténuer l'aveu : « Je ne compte pas publier, c'est juste pour moi ; d'ailleurs, je n'ai pas de talent... »

Si je réponds : « Qu'en savez-vous ? », l'offensive se met en marche : « Auriez-vous la gentillesse de lire ce que j'écris ? Je vais vous l'apporter... »

Des textes tapés, parfois reliés, ou rédigés à la main, j'en reçois un ou deux par semaine, aussitôt renvoyés. Non par manque d'attention à autrui, mais par impuissance : c'est un travail de professionnel de juger un manuscrit, et ce n'est pas le mien. Je n'ai pas choisi de lire de l'inédit, j'ai choisi l'inverse, d'en écrire, et quand on est en plein ouvrage, ce sont des activités qui s'excluent.

Mais nul n'en tient compte, on continue à me presser dans une fébrilité croissante :

« Il n'y a encore que quelques pages, deux ou trois chapitres, je n'ai d'ailleurs pas de titre, vous pourriez peut-être m'aider à en trouver un, et aussi un éditeur, je ne pense pas que cela puisse vraiment l'intéresser, c'est juste pour savoir ce que cela vaut. C'est que je n'ai pas beaucoup de temps, avec mon travail, les enfants, la maison à tenir... Ah, si j'avais du loisir ! Je raconterais ma vie, quelle histoire !... »

L'espoir brille dans les yeux : si c'était bon ?

Il est vrai que chacun vit et a vécu une aventure extraordinaire, tout un « roman », du seul fait qu'il est venu au monde, parmi ces gens-là, ses parents, eux-mêmes uniques, et elle vaut la peine d'être contée par le menu. Sur ce point, ils ont raison d'être éblouis. De vouloir transmettre ce qu'ils ont compris – ou pas compris – de leur existence, de communiquer leur expérience.

Une phrase que m'avait dite Jean-Paul Sartre me hante : « Tout homme désire être le témoin de sa propre vie. Devant tous. »

Ce quelqu'un, devant moi, veut publiquement témoigner de lui-même et me demande : « Comment faire ? »

En vérité, il n'y a pas de recette, pas de secret. Tôt ou tard, parmi la masse des « écrivants », pour ceux qu'on identifiera comme « écrivains », plus rien ne comptera qu'écrire.

Un écrivain demeure en écriture même quand il n'écrit pas, le jour, la nuit, sans arrêt. Humble artisan qui s'apprend à lui-même son métier, pour s'imposer à la longue sur le marché du livre, dans une passion douloureuse.

Un métier, écrire ? On s'en flatte lorsqu'on croit y faire des progrès, mieux parvenir à déterminer la trajectoire d'un texte. Et, pour se stimuler, s'ancrer dans son projet, on se voit déjà à une émission télévisée. On sera bon, modeste, détaché, émouvant, on parlera aussi cause humanitaire...

Mais si l'on rêvasse sur son personnage d'auteur, c'est qu'en réalité on n'entrevoit pas bien encore le livre en cours.

On peut en revanche l'entendre. Il m'arrive de poursuivre les gens de la maisonnée, mes feuillets à la main : « Continuez à faire ce que vous faites, je vais juste vous lire ce que je viens d'écrire... » Je capte ou non leur attention, mais, en lisant tout haut, j'entends ce que j'ai écrit, qui m'amuse, me paraît juste, ou m'ennuie prodigieusement. Si on bâille à la lecture d'un sien paragraphe, mieux vaut le supprimer.

Il y a des gens qui aiment à ce point tout ce qui

sort d'eux qu'ils sont enchantés du moindre de leurs mots, comme ceux qui rient avant même d'avoir conté l'histoire qu'ils estiment « tordante »... Ceux-là ne seront probablement jamais écrivains. L'écrivain est torturé de l'intérieur par un juge incorruptible qui le ramène sans cesse à sa plus petite dimension. Les compliments du public ne lui font presque rien. Son double est-il content ? Seule question. En revanche, il arrive que la critique, fût-elle inepte, l'achève, car « l'Autre » s'empresse alors de ricaner : « Je te l'avais bien dit... »

Ceux d'entre nous qui ont intériorisé une instance trop sévère – ce qu'en psychanalyse on appelle le surmoi – n'arriveront pas non plus à écrire : ils s'autocensurent dès la première ligne...

J'ai fini par passer un pacte avec mon autocenseur, qui n'est pas des plus tendres : « Laisse-moi aller jusqu'au bout de ce chapitre, je te jure que je ne le publierai pas... »

Puis j'envoie le tout à l'éditeur – « C'est juste pour avoir son avis ! » dis-je à mon surmoi qui s'inquiète.

Si l'éditeur décide de publier, je feins l'impuissance : « Il avait le texte, il a décidé de le sortir, il se trompe sûrement, c'est son problème... »

Cela se vend-il ? J'admets que les lecteurs aussi se « trompent », tout le monde est d'une indulgence coupable et en aucun cas ce que j'ai écrit ne peut être « bon ».

C'est ainsi, en mentant, trichant, biaisant, que j'apaise la furie d'exigence qui m'habite et qui, si je l'écoutais, me ferait tout jeter sans cesse à la corbeille à papiers.

Métier ou pas, l'important est d'écrire et j'ai changé ma relation à moi-même en m'y adonnant. Je le répète à ceux qui hésitent : « Qu'est-ce que vous attendez, allez-y, puisque vous en avez envie ! »

L'un des traits dominants de la race humaine est de ne pas faire ce qu'elle désire. Françoise Dolto, qui me paraissait vivre selon une discipline scrupuleuse, me l'a si souvent répété : « Fais-le, puisque tu en as envie ! »

La seule limitation à ce précepte inscrit au fronton de l'abbaye de Thélème – *Fais ce que voudras* –, est qu'il ne faut pas nuire aux autres, ni leur faire de mal.

Mais c'est là que cela devient coton : mon expérience m'a assez montré que l'écriture et la publication comptent parmi ce qui heurte le plus les nôtres. Ils pressentent qu'ils étaient dans notre collimateur quand nous avons mis en scène tel ou tel personnage, tel ou tel comportement. Certains, obsédés par leur image, en arrivent à se reconnaître dans tout ce qu'on écrit ! Ils se prétendent irrités, mais sont secrètement ravis d'avoir inspiré, croient-ils, la chose écrite.

Une phrase de Balzac me revient à l'esprit : « Mes modèles seront oubliés et mes personnages seront éternels... » Les pommes, les pêches ou les citrons des tableaux de Cézanne, Matisse, Vermeer ont pourri depuis belle lurette alors que notre bonheur d'en goûter l'image ne cesse de croître.

Je dis cela pour ceux qui éprouvent encore des scrupules à portraiturer leur vieille tante ou leur avant-dernière maîtresse. A la parution, les modèles détermineront leur attitude en fonction de la carrière du livre.

Un homme que j'avais sciemment dépeint dans l'un de mes romans, et qui aurait pu s'en affecter, est venu vers moi, les bras ouverts : « Alors, c'est le succès ! » Nous avions tous les deux gagné, puisque le récit de notre aventure se révélait un coup gagnant !

A vingt ans, j'ai illustré *Vipère au poing*, d'Hervé Bazin, et aussi *La Tête contre les murs*, du même, pour une édition rarissime que lui et moi, je crois, sommes les seuls à posséder encore.

Plus tard, j'ai illustré des livres pour enfants parus chez Denoël, Pauvert, Fleurus. Quand je trace un trait, assemble des couleurs, j'ai le sentiment de m'exprimer de tout mon être. Mes muscles se tendent, ma respiration se ralentit, mon attention se concentre : tracer exige une main légère et sûre. Rien ne doit trembler, sauf l'âme. L'acte est contrôlé comme un plongeon, un saut périlleux, et tout aussi violent.

S'exprimer avec un seul trait – d'une traite – me paraît l'extrême de la jouissance, celle qu'éprouvent sans doute les chanteurs d'opéra filant une note. D'ailleurs, les peintres de génie, Matisse ou Picasso, atteignent un tel niveau de maîtrise qu'un trait d'eux, à main levée, suffit pour faire œuvre signée.

Les premiers hommes, dessinateurs de bisons sur les parois des grottes, se suffisaient eux aussi du trait. (Une question m'obsède : y a-t-il eu une femme préhistorique pour laisser « sa » trace sur un mur, ou le tout premier art n'a-t-il été que viril ?)

Manque de confiance en soi, et surtout de patience ? A l'art absolu – dont parle si bien une nouvelle de Balzac – j'ai préféré l'occasionnel de l'écriture.

« Cela s'est fait tout seul », comme disent ceux qu'on interroge, après réussite, sur leur carrière ou leur vocation. En fait, cela leur est arrivé par les autres et avec les autres. Toute la vie, des gens sont là pour vous pousser, d'autres pour vous retenir – parfois ce sont les mêmes qui font les deux en même temps.

Dès mon plus jeune âge, j'ai été dirigée vers l'écriture et, par là, détournée du dessin et de la peinture – en somme, de moi. Si je me suis laissée faire, c'est que j'avais sans doute peur, en me consacrant à la peinture, si totalement « visible », de me montrer telle que j'étais au premier coup d'œil. L'écriture déguise autant qu'elle exprime et, telle une strip-teaseuse avertie, remet le nu à plus tard. Le trait, lui, est immédiat. Pur. Sans rachat.

Essentielles pour la destinée, ces choses sont perçues d'emblée à quinze, vingt ans. Il faut des années d'usage et d'endurance pour les exprimer.

J'avais trois ans à peine. J'ai commencé à épeler mes lettres, puis à assembler les syllabes. Dans un livre pour enfants aux gros caractères, posé sur un fond noir : la jupe de ma grand-mère.

Depuis la mort de deux de ses enfants, ma grand-mère était toujours en deuil. Ma petite sœur venait tout juste de naître. « Regarde, me dit Mémé en m'entraînant vers la fenêtre, ta mère ramène ta petite sœur ! » Je l'ai vu « arriver », paquet blanc dans les bras de ma mère, du haut du balcon. (J'ai toujours eu envie de me jeter des balcons : rappel de mon angoisse d'alors ?)

Est-ce le jour même que je me suis précipitée dans l'apprentissage de la lecture ? Et qu'est-ce qui a pris à ma Mémé de m'apprendre à lire si tôt : en avais-je exprimé le désir, avais-je déjà commencé seule ?

« Si vous n'aviez pas appris à lire, vous seriez devenue folle », me dit l'analyste.

Je ne réagis pas. Quand une interprétation vous est proposée par le thérapeute, il faut la laisser cheminer jusqu'à ce que le fond de soi y adhère. Ou la rejette. Si l'on y est préparé, cela s'accomplit parfois dans l'instant. Ou bien il y faut plusieurs jours, jusqu'à la séance suivante. Voire des années, quand l'analyse, terminée depuis déjà un bon moment, continue de produire en soi des effets de vérité.

D'ici là, interroger encore ce que l'on a de mémoire. Folle, moi ?

La première fois que j'ai vraiment « lu », entendant rentrer mon père et ma mère, je me suis précipitée vers eux en leur criant : « Je sais lire ! » Aucun d'eux ne m'a écoutée ni répondu ; ils se disputaient. Plus tard, ils ont divorcé.

La scène s'est passée dans notre premier appartement. J'avais quatre ans quand on l'a quitté, et j'ai demandé un jour à mon père : « Dis-moi, Papa, square Robiac, le salon était bien séparé de l'entrée par des portes vitrées à petits carreaux, tendus chacun d'un voile de tulle ?

– Oui », m'a confirmé mon père, nullement étonné que je m'en souvienne.

Mais moi je l'étais !

Dans ces quelques images, tous les éléments de mon « drame » – ma *structure*, si l'on préfère – sont réunis : le noir du deuil de ma grand-mère, le blanc de la naissance d'un nouvel enfant – non désiré par moi –, la dispute de mes parents, leur indifférence à mon égard, les petits carreaux voilés : chacun chez soi, personne ne voyant l'autre...

Et moi venant de découvrir qu'il y a un autre monde que celui, écrasant, du réel. Un univers – celui du livre – où les choses sont dites, expliquées, manipulables par l'esprit, modelables par l'imagination, contrairement à celles du quotidien.

Quelque temps après, haute comme trois pommes – j'ai grandi tard –, je lisais tout haut les affiches aperçues depuis l'autobus, à l'émerveillement des autres passagers et à la fierté rayonnante de ma nounou.

J'interroge l'analyste : « Pourquoi pensez-vous que, sans la lecture, je serais devenue folle ?

– Vos parents n'avaient pas prononcé les mots qui vous reconnaissaient comme fille, et comme fille désirée. Vous n'étiez pas inscrite dans une structure familiale. Pour vous en tirer, c'est-à-dire pour tenter de vous offrir à vous-même ce qu'on ne vous avait pas donné, vous vous êtes réfugiée dans le symbolique... C'est ainsi que vous avez pu commencer à vous constituer. Par vous-même. »

(Ce *par vous-même*, je l'entendrai souvent en analyse !)

C'est vrai qu'on parlait peu, dans la famille. C'étaient tous de grands enfants. Mille fois je me la suis racontée, leur vie, avec ses douleurs, ses incompréhensions, sa folle beauté issue des années folles... Ils avaient la santé, ils s'amusaient, profitant de toutes les nouveautés : voitures, boîtes de nuit, jazz, Train Bleu, Cannes, Nice... Mon père, suivant en cela l'exemple du sien, a tout voulu dès son apparition : le téléphone, les briquets à essence, les Thermos, les postes de radio à galène, les mille et un « gadgets » qu'inventait l'époque... Quant à ma mère, elle nous concoctait un intérieur composé uniquement de meubles et d'objets créés par des artistes modernes, Lalique, Puiforcat, Chaneau... La forme, l'apparence : son don, sa passion.

Mais moi ? Qu'étais-je pour eux ?

On ne m'a jamais dit : « Comme nous sommes heureux que tu sois née ! » Avec l'analyste, je suis souvent revenue sur ce sujet : « Vous n'avez pas eu les mots qui vous auraient permis de vous constituer comme sujet. »

Je ne suis certes pas la seule à avoir manqué des mots qui vous aident, enfant, à vous construire, mais chacun réagit à sa façon à l'insuffisance parentale.

Les uns – j'en suis – veulent à tout prix « guérir » de cet handicap, ils s'emploient à devenir leurs propres parents, s'acharnant à se recréer. (Me voyant m'emballer à l'idée grandiose que je n'ai eu ni n'ai besoin de personne, l'analyste croit bon de préciser : « Le manque au départ subsistera toujours ! ») D'autres achèvent de se détruire comme pour souscrire à la volonté secrète de leurs géniteurs.

Parfois, celle-ci est franchement exprimée : « Je ne voulais pas de toi, je n'avais pas besoin d'enfant. » Désastre, cataclysme qui peut toutefois se « remonter », comme un tricot filé. Peu importe alors l'incomplétude, ce qui est à trous laisse mieux la place au rêve, à l'invention. (Ceci est pour vous, madame l'analyste !)

On m'avait donc adjoint une petite sœur. Voulue ou non, mais tout de suite surchérie. Nourrie au sein, cajolée, mignotée, alors qu'elle ne parlait pas, contrairement à moi qui ai parlé très tôt avec un vocabulaire d'adulte. Elle marchait à peine quand je tournoyais au son du gramophone, ne comprenait rien alors que je comprenais tout. Vomissait, faisait ses besoins dans sa culotte. Qu'on me préférât ce magot, il y avait de quoi devenir folle !

Ou alors apprendre à lire.

Parmi les mille et un reproches que je conçois de faire à mes parents, je dois exclure celui de m'avoir laissée manquer de livres. A trois ans, me voici donc lecteur, et grand lecteur : albums, Bibliothèque rose, verte, contes et légendes, Zig et Puce, Bécassine, Bibi Fricotin, Mickey, tout abonda entre mes mains.

Dès la fin de la maternelle, il y eut aussi les livres de classe. On allait les acheter deux ou trois jours avant la rentrée. Il y en avait moins que maintenant. Ils étaient aussi moins attrayants, presque jamais en couleur, de petit format, sauf l'atlas. Le premier geste était de les recouvrir d'un papier fort dont la couleur variait d'une année sur l'autre. Je me souviens d'un bleu foncé et, une année, d'un rose. Sur une étiquette – aussi austère que celles qu'utilisaient alors les ronds-de-cuir –, on indiquait la matière : Histoire, Géographie, Lecture, Arithmétique, Leçons de choses, et puis ses propres nom et prénom.

Je les ouvrais sans attendre, les parcourant – sauf ceux qui avaient rapport avec le calcul – avant qu'on ne me l'ait demandé. Je garde en mémoire certaines de leurs illustrations, leur mise en pages, la façon dont les notions importantes étaient figurées en gras. Ma manière d'apprendre consistait à lire une ou deux fois – ensuite, je savais par cœur.

N'avais-je donc aucun mérite à étudier ?

Je crois plus juste l'interprétation de l'analyste : le monde des livres était le seul où je me sentais hors d'atteinte. Face à ces notions bien rangées, toujours les mêmes d'une fois sur l'autre, je pouvais me croire à la hauteur. Les adultes autour de moi se disputaient trop, s'envoyant à la figure des arguments parmi lesquels je ne m'orientais pas. Mon impuissance à trouver ma place dans cette structure à géométrie variable me faisait souffrir. Tandis que le savoir, dont je ne découvris la relativité que plus tard, se laissait embrasser pour ne plus changer, contrairement au monde affectif. Cette stabilité me permettait de tester mes capacités.

Prendre pouvoir sur ce qui l'entoure est l'ambition de tout enfant en train de grandir. Pour les uns, cela se fera par le sport, pour d'autres par la famille. (*Ce que pensait Maisie*, de Henry James, est une bonne illustration de l'influence de certains enfants sur le monde adulte). Les autres, comme moi, n'eurent que le moyen du livre.

J'adorais les sciences naturelles et l'analyse logique. La logique, parce qu'on en manquait à la maison. Les sciences naturelles parce que j'y découvrais les secrets du monde du corps, dont on parlait peu à l'époque, et jamais aux enfants. Or un enfant, du seul fait qu'il grandit, est confronté aux mystères de l'organisme. Ne parlons pas de ceux de la sexualité, qui le travaillent presque sans trêve. Mais, dans nos manuels, les figurines censées représenter un homme ou une femme ne comportaient ni seins ni sexe.

A défaut, je me passionnais pour les *réseaux* : j'appris par cœur celui du rail – qui ne s'appelait pas encore SNCF –, des fleuves et de leurs affluents, de la circulation sanguine, les systèmes digestif, respiratoire et nerveux. Je pouvais réciter comme un bréviaire mon livre de sciences. J'y trouvais l'homme.

L'analyste a raison : sans mon savoir d'écolière, sans doute aurais-je coulé. Les adultes autour de moi étaient par trop absurdes, meurtriers sans le vouloir, maniant l'amour – celui qu'ils m'accordaient, celui qu'ils me demandaient – comme une arme.

Dans cette pénombre traversée d'éclairs, ma lanterne de Diogène fut la lecture.

Notre intelligence se trouve à son maximum alors que nous n'avons pas les moyens de la canaliser. N'empêche que c'est elle qui invente au jour le jour les instruments de notre survie. Mes bouées de sauvetage furent donc les livres, d'abord ceux que je lisais, puis ceux que je me mis à écrire.

On peut imaginer que, lorsque je traçai mes premières lettres, au crayon, puis d'une plume sergent-major – je revois encore le lieu, rue de la Pompe, mon pupitre incliné, la disposition de la classe, Mlle Gantès derrière sa chaire –, je ne me suis jamais dit : « Un jour, tu écriras et publieras des livres. » C'était hors de mon ambition qui se bornait à ne pas faire de pâtés. Car si j'étais adroite en dessin, je ne l'étais guère en calligraphie – trop angoissée –, et l'application n'y suffisait pas. Mes devoirs, composés sur quatre feuillets quadrillés, étaient souvent « cochonnés ».

Les cochons écrivent-ils ? Moi, en tout cas, je tirais la langue, appuyais ma tête sur un coude – attitude, me disait-on, responsable de ma gaucherie. Quel enchantement, le jour où l'on me fit cadeau d'un flacon d'encre dite *Bleu des mers du Sud* ; ainsi, tout pouvait se joindre : la géographie, la poésie, la couleur, et cet exercice qui consistait à plonger un petit bout de fer pointu dans un épais liquide pour l'en retirer chargé, ni trop, ni trop peu, du sang de l'écriture !

Ma sœur, devenue pharmacien biologiste, fait depuis des années des prises de sang. Planter une aiguille dans une veine pour en extraire un liquide qui « va parler » lui rappelle-t-il, à elle aussi, notre première scolarité ?

Tant de choses signifient, quand on est petit, que toute nouvelle journée recèle un émerveillement. Grâce auquel on traverse, inaliéné, les insuffisances et les drames.

Du recopiage, je passai bientôt, éblouie, à la dictée, puis à la composition française. Ah, tracer des signes qui prennent sens pour les autres, quel prodige!

L'écriture commence par la lecture. Reste qu'on fait plutôt bon marché de cette évidence, comme si tout le monde lisait, de nos jours, et fort bien, alors que la majorité est analphabète. Ou ânonne. Mais, à cette réalité, il convient d'en ajouter une autre : l'écriture est initiée par la jalousie...

La jalousie, clé de notre comportement, ne cesse d'être niée, refoulée, réduite et même moquée. Alors qu'elle est partout, virulente, à la fois dangereuse et source de progrès.

Un matin, j'étais à skis, ne prenant point de risques – je suis trop souvent tombée en faisant du sport –, en compagnie d'un homme qui, lui, était un as, lorsque me dépassa ce que nous appelâmes par la suite *la Combinaison rose.* Une femme mince, pas mal plus jeune que moi, guère plus assurée dans sa technique, mais quelque peu fonceuse. Cheveux blonds, elle était vêtue de rose des pieds à la tête, l'une de ces tenues qui ne viennent pas d'un magasin de sport mais d'une boutique de luxe, faites pour frimer au bas des téléphériques, non pour dévaler les pistes.

Que se passa-t-il ? D'un instant à l'autre, je mis la « quatrième vitesse » et, oubliant mes consignes de sécurité, me lançai à sa poursuite.

En quelques centaines de mètres, je la dépasse – je suis plus « calée », je l'ai tout de suite perçu – et, conservant un rythme d'enchaînement qui ne m'est pas habituel, je me retrouve en bas de la piste bien avant elle.

Dans mon esprit, personne ne s'est rendu compte de rien.

Je regarde alors autour de moi, de l'air nonchalant destiné à masquer sa satisfaction après ce que l'on considère comme un exploit, et je vois l'homme qui m'accompagne, et qui m'a précédée, partir d'un grand rire.

Il me rejoint d'une glissade : « J'ai compris comment te faire prendre le mors aux dents, il suffit d'agiter un chiffon rose au bout d'un bâton... »

Vexée, je dus convenir qu'il avait bien observé.

La plaisanterie lui servit longtemps, il lui arriva même d'agiter sous mes yeux une pochette ou un foulard rose, ce qui tantôt m'échauffait les oreilles, tantôt m'amusait. Mais il avait raison : je n'avais pas supporté d'être distancée par cette poupée de mode. Ou plutôt, ayant compris que *la Combinaison rose* skiait moins bien que moi, je n'avais pas admis qu'elle pût aller plus vite.

Il en va de même quand on lit : s'il semble que l'auteur d'un ouvrage pense, éprouve, conçoive comme soi, sa lecture suscite de la jalousie. « Vous écrivez exactement ce que je ressens et ce que je pense ! » me confie-t-on. C'est dit comme un compliment, mais, dans le même temps, je sens percer l'irritation : « Vous avez pris ma place ! »

Françoise Dolto avait fondé les Maisons vertes, ces lieux de rencontre où des mamans accompagnent leurs jeunes enfants. Les mères s'installent autour de la pièce ; les enfants, parfois des bébés, font connaissance et jouent entre eux. Françoise aimait assister à leur confrontation : entre ces tout-petits, il se passe mille choses pour qui sait observer.

La plus importante est le besoin d'imiter. Un petit entend faire comme un plus grand. Au-dessous de lui, ça ne l'intéresse pas, il ne regarde pas du côté des bébés, et les adultes sont trop au-delà de son actuelle visée. Mais celui-là qui n'a que quelques mois, quelques centimètres de plus que lui, il lui faut l'égaler. Il apprécie l'action en cours – un coup d'œil suffit – et s'élance. Au début, il tombe ou se fait repousser. Alors il se précipite vers Maman pour se « recohéser ». Maman le plaint et lui dit : « Il est vilain, laisse-le, n'y va plus » – sur quoi il y retourne... Jusqu'à ce qu'il ait réussi – sauter d'une marche, attraper un ballon – à dépasser sa *Combinaison rose!*

Dès qu'on montre un livre illustré à un enfant, s'il y a des crayons à portée, au lieu de tourner les pages, il griffonne directement sur l'image qui l'attire.

« Il fait n'importe quoi », dit-on. Mais non, il veut égaler et même aller « par-dessus »!

Il ira, puisqu'il est plus jeune : les générations savent d'instinct qu'elles vont s'édifier les unes sur les autres.

Je défis quiconque de me jurer qu'en lisant les plus grands auteurs, ceux qu'il met sur un piédestal, Racine, Chateaubriand, Balzac, il n'a jamais entendu sa voix intérieure : « Moi aussi, si je voulais, je pourrais écrire des choses comme ça... »

La lecture est un acte d'identification : si nous comprenons ce que nous lisons, c'est que les sentiments exprimés sont déjà en nous. Autrement, le livre nous tombe des mains.

On admire, parce qu'on s'y retrouve, et c'est soi-même que l'on applaudit en croyant féliciter l'auteur. Que de richesse intime on se découvre à sa lecture, que de complexité, de contradictions, de finesse, de sensibilité, d'amour, de douleur!... Nous sommes Proust quand nous lisons Proust, Morand si nous ouvrons Morand, de même pour Céline, Maupassant, Colette...

Dire : « Je préfère Flaubert à tous les écrivains », c'est aussi se hisser au niveau de Flaubert. Au demeurant, si nous n'étions pas là pour le lire, que serait désormais Flaubert ? Mouchetures noires sur fond blanc.

Chaque fois que je lis, j'affirme ma supériorité sur l'auteur, puisque c'est moi qui le fais « vivre ». En nourrissant son texte d'une expérience différente, la mienne, j'ajoute à la sienne, ce qui la rend plus vaste, plus riche, plus moderne.

Le lecteur domine l'écrivain, même quand il en est subjugué.

Lire, c'est-à-dire déchiffrer les signes.

Il y en avait trop, à la maison, qui m'échappaient. Visage parfois assombri de Maman, air gai et absent de Papa. Tout cela, je le pressentais, avait un sens. On ne me le fournirait pas. Ils étaient trop peu au clair avec eux-mêmes, mes adultes, trop habitués à dissimuler, comme il était d'usage à l'époque dans toutes les couches de la société. On faisait bonne figure. Ils l'ont fait toute leur vie l'un comme l'autre.

En ce début des années trente, le surréalisme battait son plein, Freud avait ses adeptes, Hitler aussi, une réalité violente était en marche. Dans un désir de plus en plus exigeant de se raccrocher à la vérité. Ou plutôt – les enfants savent tout – de se constituer un être intérieur. Fini les familles, les communautés, les patries... En tout cas : peu sûres.

Il devenait nécessaire, urgent, impérieux de ne compter que sur soi-même. Quel soi-même ? Qui était-il ? Où se trouvait-il ? Comment faire du silence intérieur qu'il devienne parlant, du magma que l'on appelle « moi » qu'il prenne forme au point de devenir – ce qu'accomplit la psychanalyse – notre père et notre mère ?

Nos père et mère réels plus chéris que jamais, alors même qu'il faut apprendre à se passer d'eux.

Je compris, probablement parce qu'il n'y avait pas d'autre issue, que je n'y parviendrais que par la lecture.

Lire, quel pouvoir ! Je ne l'associais pas alors à l'écriture.

Lire, déjà, lire avant tout, tel était mon unique et puissant objectif. Lire pour me recréer.

Lorsqu'on me prie de venir causer d'un sujet à ma convenance, souvent je propose la lecture. Surtout lorsqu'il y a dans l'assistance des jeunes qui se cherchent encore.

Lire donne l'occasion d'aménager très tôt sa solitude intérieure. Elle devient alors source de plaisir, de bonheur, de richesse, au lieu d'être vécue comme un cachot, un malheur, une pénitence. Aucun autre instrument éducatif, télévision, conférences, jeux, ne saurait la remplacer, car il n'y a que la lecture où l'on soit *seul*. Un enfant sachant tirer parti de sa solitude s'accommodera de tout.

A défaut, sans cette solide et imprenable citadelle, on se révèle dépourvu de défenses contre l'infortune, l'isolement ou les idéologies. Les gens qui se laissent embobiner par des sectes ne lisent guère, ou seulement des textes obligatoires, comme le « petit livre rouge » des maoïstes ou ces « bibles » écrites à l'usage des adeptes par quelque « grand-maître ». Avec commandement d'apprendre par cœur. Et d'y croire!

Le libre exercice de la lecture développe une faculté précieuse entre toutes : l'esprit critique. Quand on a fréquenté une bonne partie de la culture universelle, on ne se laisse plus « monter le bourrichon ». On connaît les ficelles, on sait détecter dès les premiers mots les discours mensongers ou fanatiques. Quant aux écrits de bonne foi, si leurs idées ne nous conviennent pas, on les examine tout en les tenant à distance. On possède ainsi en soi un espace où déballer ce qui vient de l'extérieur, l'inventorier, l'inspecter, et où rien ne peut entrer en fraude, pour altérer notre intime conviction.

Lire protège.

Une autre discipline permet de fortifier notre intériorité : la psychanalyse.

Au cours d'une analyse, on acquiert le sens et le bon usage de soi-même. Le jour où c'est fait, on dit spontanément adieu à l'analyste, n'ayant plus besoin qu'il nous tienne la main sur l'océan d'une solitude désormais vivable et vivante.

On peut se représenter une séance d'analyse comme une audience de justice, avec tout le monde en place – juge, avocat, procureur, le ou les accusés, les témoins à charge et à décharge, les gendarmes – et un objectif : la vérité. Toutefois, là où la justice envisage de punir, la psychanalyse n'a qu'un but : réparer. « Ce que j'ai découvert en analyse, disait Françoise Dolto, c'est que tout se répare avec des mots. »

Pendant des semaines, des mois, des années, on examine, juge, ausculte, pèse tout ce que l'analysant apporte en séance. Il ne s'agit que de mots, mais ces mots, pour le patient, recouvrent une réalité. Il pense, on lui a dit, il a répondu, il a entendu, il croit se rappeler, il se souvient... On lui a fait du mal et voici les « coupables » : son père, sa mère, ses frères et sœurs, son patron, sa femme, ses enfants, l'humanité entière... Lui est innocent. Ou, au contraire, c'est lui le seul coupable.

Au cours d'un procès, la règle est, comme en analyse, de n'avoir recours qu'à des mots. Lorsque des preuves matérielles sont produites au tribunal, c'est aux fins d'être décrites et analysées par des experts, qu'il s'agisse d'une arme, d'un objet contondant, du « corps du délit », voire d'une maladie dont un médecin détaillera en paroles les symptômes et les effets.

Comme chez ce maniaque des mots dont il est difficile de déceler à première vue s'il est dangereux ou inoffensif : l'être qui écrit !

Après un coup moral qui l'avait durement affecté, réduit à un état dépressif presque inquiétant, l'un de mes amis entreprit de se cloîtrer.

Quelques jours plus tard, je constatai qu'il était devenu plus ouvert, plus confiant, et je tins à lui manifester mon intérêt :

« Il me semble que vous allez mieux ?

– Oui, me répondit-il, j'écris.

– Quoi donc ?

– Je parle de moi.

– C'est bien. Il faudra me montrer ça quand vous en aurez terminé.

– Promis. »

Par métier, mon ami est grand lecteur, par goût aussi. En plus de tout ce qu'il est dans l'obligation de lire, il achète ce qui paraît. Je me suis dit que ce qu'il rédigeait sous le coup d'une nécessité intérieure, ne pourrait qu'être intéressant. Et, pourquoi pas, excellent.

Je dus m'absenter. Chaque fois que je lui téléphonais, je lui demandais des nouvelles de son « état ». Un livre en gestation est comme une grossesse. Avec une excitation prometteuse, il me répondait : « Ça marche, j'avance. »

Puis, un jour : « Je crois que je vais en avoir fini. »

Dès que je le revis :

« Alors, ce texte, je peux le lire ?

– Non.

– Je croyais qu'il était terminé ?

– Il l'est.

– Ne m'aviez-vous pas promis de me le montrer ?

– Je ne peux pas.

– Qu'est-ce qui vous gêne ? Vous savez bien que je peux tout comprendre...

– Je l'ai jeté.

– Vous n'avez pas fait ça !

– Cela n'avait d'intérêt que pour moi, pour me faire du bien. C'est ce qui s'est passé. Je me suis remis en écrivant, mes problèmes sont surmontés : à la poubelle, avec mes feuillets ! »

J'étais consternée. Plus que je n'aurais dû. Après tout, mon ami était libre de faire ce qu'il voulait de ses écrits. Toutefois, sans en avoir lu une ligne, je m'étais attachée à cet ouvrage dont j'avais de loin surveillé la naissance. Sa destruction était pour moi comme un infanticide.

J'accablai de reproches l'auteur de l'autodafé :

« Il ne faut jamais détruire ce que l'on a écrit,

même si l'on ne souhaite pas le publier ni le montrer. Mes tiroirs sont pleins de manuscrits ou d'ébauches... Je ne les regarde jamais, mais ils sont là, je m'appuie dessus pour continuer... Vous auriez peut-être eu envie de le revoir plus tard.

– Ça m'étonnerait ! Je sais ce qu'il y avait dedans, je m'en suis débarrassé, cela me suffit. »

Il m'épiait du coin de l'œil. Ma colère lui faisait plaisir. Je montai d'un cran :

« On met dans ce qu'on écrit des choses de soi-même qui échappent. Surtout lorsqu'on est dans un état excessif, comme vous l'étiez. C'est révélateur, plein d'enseignement de le relire plus tard... Presque une psychanalyse.

– Justement, je me dévoilais par trop, je ne tenais pas à ce qu'on le lise, ni à le relire moi-même.

– Moi, je l'aurais bien lu pour vous, j'aurais pu vous dire des choses utiles. Je sais lire, vous savez, et même lire " en dessous "... »

Son œil se plissa.

« Je vous le montrerai peut-être un jour.

– Vous venez de me dire que vous l'aviez jeté...

– Oui, c'est vrai, mais j'en ai gardé une copie ! »

Le double jeu des gens qui écrivent !

C'est sur un cahier d'écolier, n'ayant pas d'autre papier à ma disposition, que j'ai écrit mon premier texte. Je me suis recroquevillée sur mon lit en plein après-midi, et, nonobstant la présence de deux ou trois membres de ma famille, j'ai commencé.

J'avais quinze ans et la vie devenait difficile à la maison.

Ce bloc de femmes sans homme, ma grand-mère malade, la guerre en marche, et moi, là-dedans, me sentant – je l'étais – parfaitement inutile, sans prise aucune sur le monde extérieur... Je n'ai aucun effort à faire pour me retrouver dans mon « ressenti » d'alors et convenir à nouveau que je n'avais d'autre issue que celle que j'ai choisie ce jour-là : écrire. Dire. M'exprimer. Me prendre moi-même pour interlocuteur.

On criaillait autour de moi, s'interrogeant sur la maison de couture qui fermait, fallait-il en ouvrir une autre ? La fatigue de ma grand-mère qui n'arrivait plus à monter les escaliers (elle allait mourir sous peu). Les « événements » – c'était la drôle de guerre –, la nécessité qu'il y aurait eu de demander conseil à mon père, lequel, même divorcé, pouvait apporter une aide, ne fût-ce que pour ses enfants. Mais, mobilisé, parti pour un camp où, capitaine, il instruisait des troupes nord-africaines, il n'était pas accessible.

Ces pauvre femmes – c'est ce que le temps a ajouté à mon jugement : la compassion – ne savaient que faire, sinon se disputer sur des détails.

Encore aujourd'hui, je parviens difficilement à crier, cela vient de cette époque : à quoi bon ? Si j'avais mêlé ma voix aux leurs, elle n'aurait même pas été entendue. D'ailleurs, j'avais la gorge nouée, contractée par l'angoisse, du fait de mon impuissance.

Qui m'avait donné ce beau stylo ? On n'était pas chiche sur les cadeaux à la maison, et les stylos à réservoir – Waterman, Parker – battaient leur plein. Je le remplissais en soulevant une sorte de petit levier qui, appuyant sur un tuyau de caoutchouc, en expulsait l'air; lorsqu'on rabattait le levier, le vide ainsi créé aspirait l'encre avec un bruit sensuel.

Juste après, les premiers jambages étaient trop chargés en encre, avec des pleins épais qui faisaient tache. A l'inverse, quand le réservoir se vidait, le trait pâlissait jusqu'à ne plus marquer.

Tout en écrivant, j'observais ces changements. Une façon de ne point trop prêter attention à ce qui sortait de moi... Car l'écriture est comme la marche à pied : moins on y pense, meilleur c'est!

J'ai encore ces cahiers – il y en eut plusieurs – et quand je les relis, je ne puis m'empêcher de me dire : tout est là ! Mon envie de vivre et de disparaître, mon amour pour les miens et mon incapacité à le rendre efficace, mon goût pour les petites choses et aussi pour la spiritualité, la métaphysique.

« *Et maintenant la petite fille allait partir toute seule sur la route...* »

J'ai lu ce passage et quelques autres à l'analyste qui a aussitôt rabattu mon narcissisme : « A cet âge, tous les jeunes sont philosophes... »

C'est vrai, mais j'ai tendance à penser que je l'étais plus que les autres, procédant par maximes dont certaines me servent aujourd'hui encore :

« *Celui qui touche son but est perdu. Il faut toujours exiger plus, exiger trop. Seule façon d'être vivant.* »

« *Méfie-toi des apaisements et des quiétudes, celui qui se repose s'endort. Et celui qui ne risque rien, perd.* »

« *Ô crains les satisfactions, crains la jouissance. Si tu savais comme ils te guettent tous, comme ils te craignent, comme ils travaillent à t'empêcher de monter encore, tu ne dormirais plus jamais.* »

*« Et les promesses du matin sont noix creuses. »*

*« Sur des chemins où le désespoir pousse comme l'herbe. »*

*« Avec, dans la bouche, le goût amer et si délicat des larmes. »*

*« Les phrases tâtaient la route comme des antennes. »*

*« Somptueux comme un nouvel amour... »*

Si Freud a cru bon de déclarer : « Qu'est-ce que l'intelligence d'un adulte à côté du génie d'un enfant de trois ans ? », c'est que nous sommes comme le jour, nous déclinons à mesure que la vie passe. Même si je n'avais pas, à l'époque, les moyens de m'exprimer que j'ai acquis, je crois que je pensais mieux et plus juste. Désormais, je me suis « adaptée », ce qui est la fonction essentielle de l'être vivant, mais, ce faisant, on perd de ses capacités initiales : soit qu'on y renonce, soit qu'elles se délitent par manque d'usage. Par comparaison à ce que j'étais adolescente, je me juge moins révoltée, moins courageuse, moins absolue, moins amoureuse... en somme, *moins* !

Un seul *plus* : je me suis appris toute seule un métier, écrire. Et puis, j'ai duré. Rester vivant est la condition première pour progresser en quoi que ce soit. Les sacrifices que l'on fait, les arrangements avec l'existence ne tendent qu'à ce but : se donner du temps.

D'année en année, je continue à me « détacher » de ce qui est ma réalité afin de me rendre plus disponible à l'écriture comme aux autres. Chez moi, le mouvement est concomitant : me rapprocher d'autrui – ce qui est loin d'être simple – et écrire.

Je me souviens d'avoir dit un jour à Claude Gallimard : « Ce roman (il s'agissait de *Grands Cris dans la nuit du couple*), je l'ai écrit à l'intérieur d'un homme. » Je revois le sourire de Claude, il a repris la phrase doucement, comme pour lui-même : « A l'intérieur d'un homme ? » Sans doute voyait-il dans cette constatation la possibilité d'une maternité, pour un homme, lorsqu'il est éditeur : porter jusqu'à son terme le livre d'un ou d'une autre, la publication étant une forme d'accouchement.

Mais, de l'écriture du livre à sa publication, sa diffusion, sa vente, le trajet est énorme, les avatars et les métamorphoses aussi nombreux que ceux qui permettent à la larve de devenir chrysalide, puis papillon. A croire qu'il ne s'agit plus du même « être ».

C'est ce que j'ai tant de mal à faire saisir à ceux qui viennent me parler de leurs essais en écriture et du livre qu'ils entrevoient déjà. « Attendez, leur dis-je, écrivez d'abord, on verra plus tard pour ce qui est du livre, ce n'est pas la même chose...

– Mais vous, pourtant, quand vous écrivez,

c'est bien pour faire un livre! D'ailleurs, vous avez un contrat, et même la date de sortie, et aussi le projet de couverture, vous me l'avez montré... »

C'est que je viens de loin.

J'avais vingt ans et j'étais effrayée par ma jeunesse.

« *Tout commence par un don, la vie, les facultés, l'amour. Ensuite il s'agit de le continuer, de le développer, de le recréer* », avais-je écrit dans mes cahiers.

Encore fallait-il en avoir la force. Et le temps.

Je me trouvais au dernier étage de notre maison – vendue depuis –, dans ce qui avait été la chambre de ma grand-mère décédée et qui était devenue la mienne. Couchée sur la couverture en loup gris du vaste lit, je pouvais me voir dans la glace murale qui doublait la porte. J'étais incapable de dire si j'étais jolie, je constatais seulement que mes cheveux étaient épais, mes yeux foncés, ma bouche ourlée.

J'ai réagi en écrivant une sorte de poème à ma propre jeunesse, que je sentais éphémère. Précieuse, aussi.

« *Et toute cette jeunesse que nous possédons*

*nous paraît comme étrangère. Quelque bijou trop lourd et trop précieux dont un peu de temps va nous délivrer...* »

C'est depuis le travail que j'ai accompli en écriture et en analyse que je parviens à comprendre d'où me venait ce chant, poursuivi sur plusieurs pages, pareil à un chant du cygne.

La tuberculose me tenait affaiblie sans qu'on le sût, ma mère, qui avait rouvert une maison de couture, était menacée par la faillite, mon père s'était remarié, je n'étais ni amoureuse ni fiancée, et si je faisais des études de droit, on n'envisageait pour moi ni métier ni avenir. Je ne désirais que me consumer dans la beauté des choses.

En fait, j'attendais quelqu'un, un homme pour m'arracher à ce marais. (Il allait surgir quelques mois plus tard.)

Et, en attendant, j'écrivais.

Mais je n'écrivais ni ce qui se passait ni ce que j'observais, je ne tenais pas de journal : je me « poétisais ». Cela apaise, fait passer le temps, entraîne à manier les mots.

Toutefois, n'étant pas de l'écriture pour les autres, cela ne débouchera pas sur un livre, c'est seulement du « délivre ».

Beaucoup des manuscrits que je reçois ne sont pas autre chose. Ce qui crée l'illusion qu'on écrit « pour de bon », c'est que les mots sont souvent bien choisis, chargés d'émotion, comme tout ce qui tient de la plainte ou de la prière. Mais il n'y a pas d'histoire ni d'autres personnages que soi.

Longtemps je me suis dit : « Je suis incapable de concevoir une histoire, encore moins des personnages. » Lorsque j'y pensais, je me sentais comme une lourdeur, un épuisement. C'est que j'écrivais pour me rapprocher de moi-même, me blottir dans mon intériorité, mon cher moi (« Heureusement que je m'ai ! »). Envisager des personnages était m'en éloigner, à ce qu'il me semblait, retourner vers ce monde indifférent et cruel que, justement, je voulais fuir. Me retrouver parmi les autres alors que je n'avais qu'une envie : être avec moi.

Tant qu'on en est là, toute approche du roman est impossible, même si l'on est tout à fait capable de s'exprimer dans un style original et de produire de jolies phrases. Même si l'on écrit bien et que d'autres le constatent : « Mes amis me disent que je devrais continuer, ils aiment beaucoup ce que je leur montre, ils considèrent que je suis douée, mais je n'arrive pas à aller au bout d'un texte. Comment faire ? »

Je crois m'entendre... Ou plutôt, c'est ce que j'aurais dit si, à l'époque, j'avais eu pour projet d'écrire, ce qui n'était pas le cas. D'ailleurs, ce n'est pas moi qui suis allée vers le livre, c'est lui qui est venu à moi. En même temps que l'éditeur !

Tout débuta par le courrier.

Ou plutôt par le mariage. Je pense qu'il n'est pas indifférent à mes progrès en écriture que je me sois mariée, retrouvant ainsi la compagnie d'un homme, perdue depuis le divorce de mes parents et le départ de mon père.

De plus, il s'agissait d'un homme que j'aimais, dont je tentais de me rapprocher le plus possible. A l'époque, je n'avais qu'une façon de m'unir à un autre : la fusion. C'était la continuation de ce que j'avais connu dans l'utérus de ma mère, dont je n'étais pas vraiment sortie, personne ne me l'ayant demandé ni infligé.

Je nidifiais donc rapidement dans l'univers de ce jeune homme, mon mari, apprenant ses valeurs, m'évertuant à les faire miennes.

Le génie masculin a ceci de différent du nôtre, à nous femmes, c'est qu'il repose sur la spéculation. Les créateurs de morale, de philosophie, de religions, d'idéologies, de grandes inventions, sont pratiquement tous des hommes. Celui qui vivait auprès de moi était particulièrement doué pour les « grands projets » et j'épousai sa pensée à corps et esprit perdus.

Cela me convenait d'autant mieux que j'avais, moi aussi, par crainte du réel, une tendance marquée à la spéculation. Nous avons passé notre année de fiançailles à refaire le monde, et la première année de notre mariage à nous y heurter! Courageux, je crois pouvoir dire intelligents, nous étions tout aussi incapables l'un que l'autre d'appréhender le réel dans sa vérité. Cela nous mit un peu à plat, et puis l'orgueil de la jeunesse reprit le dessus : nous n'étions pas faits comme les autres ! Ce qui leur convenait, les maisons, les enfants, l'argent, ne nous suffisait pas. Il nous fallait plus, et ce *plus*, nous le découvrîmes tous les deux en même temps : par l'écriture. (Laquelle est aussi une fuite. Tous les écrivains sont des exilés, volontaires ou non.)

Lui s'employa à rédiger des articles pour les journaux – ce monde qui ne voulait pas de lui tel quel, il allait expliquer comment il fallait le changer, le transformer, le refaire –, et moi par le courrier. Nous étions loin des nôtres – en Amérique du Sud – et, sur ma petite machine à écrire portative, je tapais quotidiennement une chronique de nos faits et gestes. Dans un style contraire à celui de mes cahiers, je rapportais nos rencontres, nos découvertes, nos étonnements, nos gaffes, nos échecs... Sans arrangements ni apprêts, car je trouvais tout ce qui nous arrivait « drôle », inattendu... bête, aussi !

Oui, la réalité était par trop bête, à côté du rêve ! Cet homme et moi, qui avions imaginé un monde magnifique, pacifique, humain, joyeux – le contraire de ce qu'avait été la guerre –, nous trouvions aux prises avec la mesquinerie et le crime ordinaires (le Brésil d'après-guerre n'avait rien d'une démocratie souriante...).

Cela valait la peine d'être conté, avec du dédain pour les marionnettes avides de pouvoir et d'argent, et de la moquerie pour nous autres qui nous étions si bien leurrés sur la transformation que l'écrasement du fléau fasciste était censé apporter à l'humanité...

Sans compter que j'avais quelque *saudade* de mon Paris et de mon Limousin...

L'ensemble plut à mes correspondants, et même les surprit.

Des lettres, j'en écrivais depuis ma plus petite enfance. La gouvernante préparait le papier, me mettait la plume entre les doigts et me désignait le destinaire : ma mère, quand j'étais en vacances d'été avec mon père ; mon père, le reste du temps ; ou alors marraine Vionnet, Mémé, des oncles et tantes, bref, tout l'entourage. C'est en ce sens-là qu'on m'a « forcée » à l'écriture.

Une fois l'en-tête tracé – Cher Papa, Chère Maman, Chère Marraine –, le reste venait tout seul. Je remplissais allégrement mon papier recto verso et ne m'arrêtait qu'en bout de page. Tout y passait : historiettes, anecdotes, rencontres, fût-ce avec un chien, les incidents, les plaisirs, les descriptions de lieux, ce que disaient les uns et les autres, ce qu'on mangeait. Terminant par une formule d'affection, généralement « Je t'embrasse », il ne me venait pas à l'idée que je venais d'écrire. Il s'agissait d'un devoir imposé par la gouvernante, laquelle accomplissait sa mission qui consistait à nous initier aux rites familiaux et sociaux : dire bonjour, faire la révérence, s'essuyer la bouche, se laver les mains, ne pas gesticuler ni manger dans la rue... Écrire en faisait partie.

La chose « pondue », quelques fautes d'orthographe dûment corrigées, je n'y pensais plus. (Que de kilomètres d'écriture j'ai pourtant sécrétés de la sorte ! Je le sais pour avoir retrouvé *toutes* mes lettres écrites à mon père, classées, datées, de la première aux dernières, dans les malles du grenier de Saintes.)

Le pli d'écrire pris, le plaisir de se raconter à autrui découvert, on poursuit sur sa lancée. Je continue d'envoyer des lettres : à mes parents, mes amis, mes amants, des gens nouvellement rencontrés, des inconnus, mes lecteurs auxquels je réponds. Sans me dire que je suis en train d'écrire : c'est seulement du courrier.

Rédiger du courrier a longtemps servi aux femmes de substitut à l'écriture véritable. Tant de femmes, Mme de Sévigné en particulier, se sont sublimement exprimées par épîtres. Toutefois, la célèbre marquise n'a pas accepté le qualificatif d'écrivain. Ne convenait-il pas à son rang ? Les clercs écrivaient, pas les aristocrates. Mme de Lafayette ne s'avouait pas l'auteur de *La Princesse de Clèves*. Et puis, écrire des billets courts ou longs, dans lesquels on se laisse librement aller à son humeur, à sa spontanéité, à sa fantaisie, sans les corriger ni parfois les relire, comment admettre qu'il puisse s'agir d'une œuvre ?

Aussi, le jour où je reçus au Brésil un petit mot, que j'ai conservé, de mon beau-père : « Continuez, vous êtes un écrivain ! », si je me sentis flattée, je me refusai pour autant à prendre le jugement au sérieux. Ce n'étaient là que les encouragements affectueux d'un homme qui aimait ses enfants, fût-ce par alliance. On n'allait pas me faire croire, à moi, nourrie de la lecture des grands écrivains, de Platon à Proust, de Racine à Victor Hugo, Balzac, Flaubert, de celle de tous les poètes, Clément Marot, du Bellay, Musset, Vigny, Verlaine, Rimbaud, durant mes longs étés solitaires dans le Limousin, que mes petites missives, tapées à deux doigts sur du papier pelure, relevaient tant soit peu de la littérature.

Et puis, je n'avais nulle envie d'être écrivain, me disais-je, j'étais une femme amoureuse. Cela suffisait à emplir ma vie. Si je faisais du courrier, c'était pour meubler le temps où, seule dans une chambre d'hôtel, je l'attendais.

A l'époque, le travail était encore considéré, et à peine fûmes-nous rentrés à Paris qu'il nous parut évident, à mon mari comme à moi, qu'il fallait avoir une activité.

Si mon mari, polytechnicien, pouvait espérer se trouver un poste d'ingénieur, pour moi, licenciée en droit, c'était moins probable. Et puis, j'étais si timide, je ne me voyais pas au Palais, prenant la défense d'un coupable devant un auditoire peu favorable à la parole des femmes. La « coupable », je le sentais dans mon for intérieur, serait toujours moi...

Ma chance fut que mon beau-père, qui m'avait dit apprécier ma plume, ne se déjugea pas : il me proposa un petit travail d'écriture dans son journal économique. Je devrais lire des livres, qu'il m'indiquerait, et en rendre compte en quelques lignes. Cela me convenait tout à fait : le travail pouvait s'effectuer à la maison; au surplus, il était anonyme. Pendant les deux ans que j'ai travaillé pour lui, je crois qu'aucune de mes notes ne fut signée.

C'est cet anonymat de départ qui m'aida à acquérir un certain sens du public. Je n'écrivais pas pour ma gloriole, personne ne savait que j'étais l'auteur de ces lignes, mais pour faire savoir à d'autres, le plus clairement possible, de quoi traitait un ouvrage, afin qu'ils pussent décider par eux-mêmes si sa lecture les intéresserait ou non.

J'y pris goût, et je l'ai gardé : j'aime lire un livre en tentant de saisir au plus près ce qu'a dit l'auteur, mais aussi ce qu'il a voulu dire.

Quand nous écrivons, quelque chose de notre « inconscient » montre le bout de son nez, mais le message ne peut être déchiffré que par un autre. Ou par nous, mais beaucoup plus tard.

Je m'en suis aperçue en relisant le brouillon de lettres que j'avais envoyées à des soupirants : « Mais enfin, me disais-je, il est bien évident que tu n'en voulais pas, de cet homme, que tu avais mille choses à lui reprocher et que tu n'attendais que le moment de rompre ! C'est d'ailleurs une lettre de rupture... »

Or, sur l'instant, j'avais cru écrire une lettre d'amour !

C'est en cela que ceux qu'on nomme les « critiques » – mot méchant – peuvent rendre service, d'une part au lecteur, de l'autre à l'auteur. En énonçant en clair le message caché dans le livre.

Encore faut-il le percevoir. C'est un don que j'avais, comme de comprendre – pas toujours sur-le-champ – ce qui se dissimule derrière le discours des gens.

L'explication que je m'en suis donnée – naïvement, je crois qu'il y en a une à tout –, c'est qu'enfant j'ai dû décrypter, pour m'intégrer, les propos criards et approximatifs de mon entourage. (L'apprentissage de la langue, si immédiat chez les enfants, vient en partie de leur besoin de survivre.) Pourquoi mes parents avaient-ils divorcé ? Pourquoi vivions-nous entre femmes ? Pourquoi n'y avait-il que Maman à vraiment travailler ? Pourquoi nous parlait-on sans arrêt d'amour et me sentais-je en même temps si négligée, si malheureuse ? Qu'y avait-il derrière tous ces mots qui me serraient le cœur tant ils trahissaient l'angoisse de ceux qui les prononçaient ?

Une phrase de ma tante m'a poursuivie pendant des années : « Il nous faudrait un grand bonheur ! » Qu'appelait-elle un grand bonheur, et pourquoi disait-elle « nous » ? Le bonheur peut-il être collectif ?

Lentement, en analyse, j'ai fini par mettre du sens derrière la plupart des choses advenues dans mon enfance. Le fait des hommes, le fait des femmes, la part de la vie... Mais, bien avant d'entrer en analyse, je possédais déjà ma troisième oreille, ouverte à ce qui était caché sous les propos de l'entourage – la joie de vivre, par exemple, jamais exprimée – et qui seul pouvait me donner la force de poursuivre. J'avais besoin que le discours qui me cernait eût un sens.

Et s'il devait s'avérer qu'il n'en avait pas, eh bien, je lui en donnerais un !

Mon ambition, dans ce domaine du sens, était démesurée – alors que je n'envisageais rien, pour ce qui me concernait, sur le plan d'une éventuelle carrière ou de la réussite sociale.

J'avais été entourée depuis ma naissance par des gens qui étaient, comme on disait, haut placés : mon grand-père, ministre, vice-président du Sénat ; ma marraine Vionnet, reconnue comme la première couturière au monde ; l'homme que j'avais épousé, lieutenant de l'armée de l'air, polytechnicien. Et je ne prenais pas au sérieux, par déni de cet homme qu'on déclarait nous avoir « abandonnées », le fait qu'après avoir été diplomate, il se retrouvait à la Cour des comptes.

Or, ces gens de mérite ne me disaient pas ce que j'avais envie d'entendre – « les mots qui vous auraient donné votre place », m'a confirmé l'analyste –, et, de surcroît, ils n'avaient pas l'air heureux. Mais pas du tout. Ou rarement. Alors ?

J'en avais très tôt conclu que les titres et le pouvoir n'avançaient pas à grand-chose, qu'il y avait une autre « vérité » à laquelle ces gens-là, même gentils, affectueux avec moi, n'avaient pas accès.

J'aurais pu me jeter dans les bras du Seigneur

et me faire religieuse – j'y ai pensé. Un certain réalisme paysan, hérité de ma mère, le radical-socialisme de ma famille paternelle firent que je me trouvai d'autres dieux, plus accessibles, et, dès que cela fut possible, courus vers les écrivains.

Mon mari, quoique fort jeune – il n'avait pas trente ans –, trouva le moyen de fonder un hebdomadaire, et, puisque j'avais fait mes premières armes chez son père, me demanda d'emblée d'y collaborer. Dans les mêmes conditions : rédiger des articles courts et anonymes.

Là aussi, le travail me convenait tout à fait : je pouvais l'accomplir à la maison – jamais je n'ai accepté de bureau au journal – et à mes heures.

Mon problème, que j'arrive tout juste à dépasser aujourd'hui, c'est que j'ai du mal à travailler en équipe au gré d'horaires fixés par d'autres.

Là encore, la psychanalyse a fini par me fournir quelques clés. Ne sachant trop quelle était ma place – dans la société, dans ma famille, dans ma communauté –, je dépensais en présence d'autrui une énergie considérable à m'arrimer au réel. Me donnant une figure, me créant un personnage en fonction de ce que j'imaginais qu'on pensait ou attendait de moi. L'une des choses les plus curieuses de la vie, c'est qu'on rêve toujours d'accomplir ce qui nous est le plus difficile, pour ne pas dire impossible – ce qu'on sait faire, eh bien, n'intéresse plus. Une pensée de Paul Valéry, dans sa *Poïétique,* m'a permis de constater que je n'étais pas la seule à m'en être aperçue !

Marginale, « en exil », comme je l'écrivis plus tard, je ne pensais qu'à être conforme, intégrée, au mieux avec tout le monde. Pour ce faire, je tâchais de ne présenter aucune aspérité ni traits originaux qui auraient pu me faire rejeter. J'avais fait des fugues, enfant, parce que la maîtresse d'école s'était permis non pas une critique, mais une « remarque » sur mon comportement – et j'étais prête à en faire d'autres. (Le suicide ne peut-il être considéré comme une tentative de fugue ?)

Ce défaut faisait qu'en présence d'autrui, je n'étais plus capable de me concentrer – trop occupée à m'adapter – et je ne pouvais donc pas écrire. En revanche, calfeutrée chez moi et en moi-même (pendant des années, je ne parvins à travailler qu'avec des boules Quies enfoncées dans les oreilles, et les portes verrouillées), j'étais enfin à même de mettre dans mes écrits le meilleur de moi-même.

Nourris de ce qu'il y avait de plus personnel, de plus questionneur en moi, mes articles finirent par se faire remarquer, d'autant plus qu'au bout d'un an, le journal pria ses collaborateurs de bien vouloir signer leurs papiers de leur nom.

Je ne m'étendrai pas sur ce que fut ma première rencontre avec mon nom imprimé sur papier journal! Tout apprenti journaliste a éprouvé la même émotion. Elle se doublait chez moi de la satisfaction d'avoir surmonté ma phobie : j'osais « m'exposer ».

J'étais d'ailleurs si convaincue qu'il s'agissait là d'un acte à la fois impudique et dangereux que pendant des semaines, des mois, je guettai le courrier : il n'était pas possible que des lecteurs n'écrivissent pas pour me reprocher... très exactement tout, mon style, mes jugements, en fait mon existence!

Rien n'arriva, ma collaboration devint « chronique » et, le journal se développant, on me proposa d'aller interviewer des écrivains.

J'ai raconté ce que furent ces visites à ceux qui m'apparaissaient comme les seuls grands de ce monde, les vrais souverains, nos maîtres à penser et à vivre.

Ma première visite fut pour François Mauriac. Ensuite, le nom de mon journal jouant comme un sésame, je fus reçue par Bataille, Giono, Céline, Montherlant, Tzara, Breton, Prévert, Lacan, Malraux, pour citer les géants.

Étrangement, j'y allais sans timidité. Je sentais que ces hommes et moi – peu de femmes : Beauvoir, Duras – partagions les mêmes préoccupations, et aussi – là, je ne me trompais pas – le même désespoir. Que nous faisions, chacun à notre manière, et tout en préservant les apparences, de la « résistance » à ce qu'on n'appelait pas encore le « système ».

J'eus le privilège d'être chaque fois reçue comme je l'escomptais : sur un pied d'égalité ! Pourquoi, comment, à mes interlocuteurs de le dire, reste que jamais je ne me sentis infériorisée ni inférieure, comme il m'arrivait sans arrêt dans les salons !

Revenue chez moi, je mettais un point d'honneur à transcrire au plus près ce qui m'avait été confié – et même à le prolonger, tant il me semblait saisir la pensée et l'intention de l'écrivain au-delà de ses propres mots. (Tous revirent leur texte, et aucun ne me reprocha d'être allée plus loin ou trop loin...)

Publiés sur deux, trois pages du journal, ces entretiens firent d'emblée grand effet. Il n'y avait pas encore les émissions littéraires de la télévision, ni les interviews à la radio telles que nous les connaissons. Les écrivains restaient secrets, sur un piédestal, et en même temps négligés. (Je fus la seule à aller voir Georges Bataille à Orléans, et mon entretien avec Céline fit date.)

Que se passait-il réellement entre ces êtres hors du commun et moi ? J'y ai souvent réfléchi sans arriver à une explication satisfaisante.

Étions-nous dans le droit fil de ce qu'on nomme la « transmission », ce besoin des plus âgés, que je ressens désormais, de faire passer leur savoir aux plus jeunes ? Pourtant, les écrivains ne sont pas des enseignants, et s'ils ont des « secrets de fabrication », ils aiment assez les garder pour eux.

Étais-je en train de leur demander comment on fait pour devenir écrivain ? A l'époque, je n'y pensais guère, me satisfaisant de jouer quotidiennement avec les mots, soit pour le journal, soit dans mes cahiers dont je poursuivais la rédaction.

Je comprends maintenant que j'étais encore à la recherche d'une filiation, celle qui ne m'avait pas été explicitée à ma naissance. Les psychanalystes, Freud le premier, ont mis le doigt sur l'une des particularités du psychisme humain qui consiste, dans l'enfance et l'adolescence, à s'inventer des parents imaginaires – c'est le « roman familial ». Des jeunes, mécontents de leur entourage, veulent croire qu'ils sont fils de princes, volés par des gitans, abandonnés, puis recueillis par leur actuelle famille, et qu'un jour ils retrouveront leur haute naissance. Ils rêvassent alors sur ce qui se produira, comment ils « remercieront » leurs parents nourriciers, concéderont quelques avantages à leurs frères et sœurs d'adoption – généreux et triomphants...

Moi, sans me le dire, j'avais décidé que mes vrais parents étaient les écrivains (ne m'avaient-ils pas nourrie de leur « lait » durant toute mon enfance ?) C'est pourquoi, quand j'allais en voir un, je ne m'étonnais nullement d'être bien reçue.

Eux aussi devaient être avertis que j'étais leur fille bien-aimée, perdue et retrouvée, et l'affection immédiate que me portèrent des hommes comme Giono, Prévert, Merleau-Ponty, Lacan, me parut tout à fait naturelle. Ils me « reconnaissaient ».

Il était temps que je me sente « en famille » !

Rien que dans sa façon de s'asseoir, chaque écrivain est différent. Lacan se laissait tomber, pouf, sur son siège, en poussant un grand soupir. Bataille aussi se laissait choir, mais lui était fatigué. Beauvoir se tenait raide sur sa chaise. Montherlant également. Vailland, en bras de chemise, jetait les mains au ciel.

Après avoir rencontré les écrivains, je rentrais chez moi pour les décrire aux lecteurs de mon journal : « Voilà ce que vous auriez éprouvé si vous aviez été à ma place... Voilà comment ils sont, parlent, se meuvent... Bien sûr, c'est vu par moi, mais il y a des points sur lesquels nous nous accordons tous : ainsi, un être qui a du charme en a pour tout le monde. »

Je racontais leur territoire : qui a du talent pour l'écriture en montre souvent pour élaborer le cadre qui convient à son œuvre.

Malraux avait besoin de luxe, de confort, de chaleur. En somme, d'argent. Il commença d'en trouver avec sa première femme, Clara, dont il utilisa la dot pour ses voyages. Il termina à Verrières, dans le château des Vilmorin, avec Louise d'abord, puis Sophie. Il lui fallait une demeure digne de lui. Ministre, il s'était fait attribuer *La Lanterne*, un logement de qualité dans le parc de Versailles.

Céline, à l'inverse, se sentait lui-même lorsqu'il était rejeté, marginal. Il n'écrivait jamais aussi bien que dans l'abjection. Il lui fallait incarner le lampiste. Porter des vêtements qu'aujourd'hui nous appellerions *grunge*, dépenaillés.

Bataille était une sorte de prêtre, de mystique. Il voulait l'ombre de la croix pour ses recherches érotiques. Il s'était trouvé des cloîtres, des bibliothèques de province, des jardins ressemblant à des préaux. A Orléans, dans le voisinage de la cathédrale, il était tout à fait à son aise.

Sagan a besoin de la bande de copains, de la vie nocturne, de la danse, de l'argent qui coule. De ne jamais être seule, de dormir le jour. De s'isoler juste quelques instants pour écrire du bout des doigts.

A Beauvoir il fallait des élèves. Son appartement était celui d'un petit professeur sans cesse en déplacements. Elle allait dans les cafés, les restaurants, aiguiser son esprit contre celui des autres, parler sans cesse.

Pour Sartre, le normalien, c'était aussi discours, discours, et peu importait le lieu ! Les trottoirs, la rue, chez lui, chez les autres...

Vailland voulait de toutes jeunes et jolies filles, plus une maman, sa femme Élisabeth, qui protégeait, tolérait, soignait.

Pour Chardonne, c'était vivre en province, même quand il n'habitait plus la Charente, et tout savoir des voisins, des petits potins chez les commerçants... Il inspectait, fouinait, prenait mentalement des notes.

Sur ce monticule d'habitudes, chacun installe son œuvre et, si on aime les écrivains, il faut les prendre avec ce que Mauriac appelait la « motte ».

Mais la plupart des gens ne voient pas que tout se tient chez eux. « Ce qu'il écrit, celui-là, disent-ils, est formidable; toutefois, en tant que personne, il est insupportable, bourré de défauts, je n'en voudrais pas pour ami. »

Les écrivains, c'est vrai, se conduisent comme les enfants tout-puissants qu'ils n'ont jamais cessé d'être, sinon ils iraient au bureau et songeraient à leur retraite... Quand ils y pensent – sous la forme de l'Académie –, c'est parfois trop tard : les fauteuils sont pris!

Je reviens à Mauriac, cette sublime incarnation de l'homme de lettres, avec sa province qui l'a suivi jusqu'à Paris, ses curés, ses nœuds de vipères familiaux, sa jeunesse conservée de pensionnaire du 104, rue de Vaugirard – où séjourna aussi François Mitterrand – chez les maristes. Son geste de joindre les mains. Tout jeune, il s'était déjà fait précisément connaître par un recueil de poèmes intitulé *Les Mains jointes*.

Michel Leiris se cachait derrière les civilisations primitives, rougissant comme un collégien, terriblement sensible à l'amour, au sexe, ainsi qu'il l'écrit lui-même. En fait, je crois, ne songeant qu'à ça.

Jean Paulhan, grand directeur littéraire, était un maître à écrire. Son milieu, c'était les livres, surtout les manuscrits. Il régnait à la NRF et n'aurait pu vivre ailleurs. Il jouait aux boules dans les arènes de Lutèce, un jeu d'intellectuel tout en ruse et adresse : on envoie bouler l'autre pour rester avec le cochonnet. Il faisait probablement de même dans son bureau, chez Gallimard...

Jean Giono, homme d'horizon – à la façon dont il y a des chiens d'horizon courant sans cesse vers l'avant –, même immobilisé dans son fauteuil, à Manosque, voyait toujours au loin.

Jacques Prévert, l'œil bleu laiteux, un coude sur le comptoir. Les grandes chansons n'ont pas d'auteur : Jacques était le pavé, la voix de Paris.

Duras est venue chez moi, en Limousin. Sa façon de s'asseoir, tassée, la tête rentrée dans le cou. La seconde qu'elle met pour répondre, ce qui fait qu'on se demande si elle a bien entendu, si elle n'est pas brusquement devenue sourde. L'air d'un crapaud, puis les formules tranchantes, incisives : on croit qu'elle quémande, en fait elle assène. Je n'ai pas osé faire son portrait. Il a fallu qu'elle devienne ultra-célèbre pour que cela n'ait plus d'importance : on ne pouvait parler d'elle sans parler de l'alcool.

Sur Jean-Paul Aron, mort du sida depuis lors, j'écrivis : « Jean-Paul Aron nage dans des courants d'idées d'une brasse solide, personnelle; il trace, comme le nageur d'Apollinaire, d'ahan, vers d'autres nébuleuses... Mais ce qu'il nous montre en parlant des écrivains, ce n'est pas eux, c'est son propre trajet. »

Les biographes saisis par eux-mêmes sont légion. D'autres n'ont pas eu accès à leur sujet.

Mme Brancquart, biographe d'Anatole France, sait tout, mais tout de lui, à un détail près : elle ne l'a jamais vu. Quelle était son odeur, son souffle de bête vivante? Rien ne peut les rendre, aucun portrait, aucune photo, aucune ligne tracée... Avec la télé, c'est déjà un peu mieux. Une toute petite télé d'Anatole France et on n'écrirait sans doute plus sur lui de la même façon.

J'aurais voulu savoir comment était Michaux. Trop tard.

Les très grands écrivains se sentent vulnérables face à l'interlocuteur. S'ils ne souhaitent pas vous recevoir, c'est souvent parce qu'ils se savent sans défense. Un écrivain, un poète en particulier, est quelqu'un qui travaille toute sa vie à faire de soi un être sans défense. Des gens émouvants, mais vulnérables...

Il y en eut d'autres : André Breton, Tristan Tzara, Claude Simon, Alain Robbe-Grillet, Claude Lévi-Strauss, Merleau-Ponty, René Char, Raymond Queneau, Robert Pinget. Tous, je les ai vus des heures durant, chez eux, parfois dans leur ville, les questionnant à ma guise, selon leur humeur qui déterminait la mienne.

J'ai également rencontré des étrangers, Truman Capote, tellement snob que ses chiens l'étaient aussi, Graham Greene, le voyageur éthylique, Moravia qui ne regardait qu'un seul morceau des femmes à la fois : moi ce fut les jambes, tout en me parlant de la bouche de Jeanne Moreau.

J'ai aussi vu des peintres : André Masson, sa sensibilité élégante, Francis Bacon, si désespéré que je l'ai aimé d'emblée pour toujours, Léonor Fini, impératrice des félins. Sans compter ceux dont le nom a presque glissé de nos mémoires alors qu'ils ont contribué à façonner notre époque.

Des années durant, je me suis imprégnée de leurs manières d'être, de parler, de sourire, presque de respirer.

Est-ce contagieux, l'écriture ? L'ai-je cru ?

Ce que j'aimais chez les écrivains, c'était leur individualisme forcené, leur maniaquerie, cette insistance à être eux-mêmes jusque dans leur manière de se vêtir, de se coiffer, dans leur voix aux tonalités souvent insolites, émaillée de particularités qui n'appartiennent pas à l'orchestration ordinaire de la parole mais révèlent l'existence d'un cours caché auquel ils s'alimentent sans cesse : la voix intérieure.

On croit, j'ai longtemps cru, que les écrivains fabriquent une œuvre comme un ébéniste un meuble, un chaudronnier son ustensile. Il m'a fallu rencontrer à loisir les écrivains, les voir évoluer, pour finir par admettre que c'est l'œuvre qui fait l'auteur.

Songez à Malraux jeune homme, plein de tous ses possibles, si disponible, et revoyez en pensée ce qu'ont fait de lui *La Condition humaine, l'Espoir, La Voie royale*, ces chefs-d'œuvre dont on ne resurgit pas indemne, l'homme-ombre qu'il était devenu, tremblant, gesticulant, prophétique.

Samuel Beckett paraissait le prototype caricatural de ses héros. Quand je l'ai aperçu, à une terrasse de Saint-Germain-des-Prés où il m'attendait, j'ai cru qu'il était sorti tout droit de *Molloy* ou de *Godot*. Il parlait comme eux, par saccades, totalement immobile, sculpté dans une matière boucanée qui n'était plus de la chair, son œil plus vif, plus rapide, plus vivant que celui de l'homme ordinaire.

Ces gens-là m'attiraient. Non par leur virilité – je devinais qu'ils n'étaient souvent que de grands enfants ayant besoin d'être nursés (la plupart le furent jusqu'à la fin, le rôle de

« compagne d'écrivain » n'est pas près de disparaître) –, mais par la déformation de tout leur être, son *forcing* dans une seule voie.

On peut reconnaître, paraît-il, quel métier un homme a exercé sa vie durant à l'usure localisée de son squelette, aux proliférations de l'arthrose, aux dissymétries musculaires. L'être d'un grand professionnel de l'écriture est comme bosselé : une mère n'y reconnaîtrait pas son petit. L'ego est hypertrophié, les névroses cultivées comme des roses, les défauts sertis, les qualités usées jusqu'à la corde...

Je les trouvais magnifiques. Il y a du martyre à s'utiliser comme son propre instrument de création. Chacun se souvient de l'aspect qu'avaient pris la bouche et les joues d'Armstrong, le sublime trompettiste. Et la figure « boxée » de Cerdan ! Si l'être de l'écrivain est invisible, il est pourtant « palpable ». Chaque fois que j'en rencontrais un, je tâtais ainsi à l'aveugle une sculpture unique en son genre, exprimant l'une des possibilités de l'âme humaine, une « idée » mesquine ou grandiose de l'espèce, une hypothèse de ce que l'humanité pourrait être, une fois poussé jusqu'à l'ultime son goût du sexe, de l'héroïsme, du désespoir, de la solitude ou de l'amour oblatif.

Si j'avais envie d'exagérer l'une de mes tendances, laquelle choisirais-je ?

Mon territoire, c'est l'« exil ». Si je le mets entre guillemets, c'est qu'en apparence il n'y a pas plus enraciné que moi. Mais je prends très vite mes distances par rapport aux lieux, aux modes, aux idées reçues. Je suis d'ailleurs. Née comme ça. Trait distinctif : née dans l'ailleurs. Je ne fais pas masse. Je m'absente tout le temps de là où je suis. Même ici, en ce moment, à tracer ces mots, je me sens au-dehors. Je ne suis pas docteur ès lettres, rien du tout. Je m'accorde seulement la permission d'écrire sur ces gens comme on n'écrit guère sur eux.

Nombre de personnes qui viennent à moi, un manuscrit sous le bras – pour de bon ou de façon imaginaire –, sont convaincues qu'elles vont pouvoir écrire tout en demeurant elles-mêmes. Une corde de plus à leur arc, comme d'apprendre à taper à la machine, à faire la cuisine, à jouer au golf. Ce qui leur fait problème, c'est qu'il n'existe pas, à leur connaissance, d' « école d'écrivain ». Ou alors elles n'ont pas trouvé l'adresse, et c'est pour cela qu'elles viennent me trouver.

Je pars dans un discours vague qui ne peut ni les éclairer ni les convaincre : à partir du moment où nous savons écrire, leur dis-je, où nous avons appris à l'école, nous sommes tous des écrivains en puissance. Mais devenir écrivain « pour de bon », c'est comme une entrée en religion. La vie n'est plus la même, on change de priorités, il arrive qu'on quitte sa famille – ne fût-ce qu'en pensée –, ce qu'on ne vous pardonne pas.

Et le temps, on n'a plus jamais de temps pour rien ! Pour paraphraser l'expression appliquée aux gloutons, pour qui « tout fait ventre », quand on est écrivain, « tout fait écriture ». Même l'indicible, qu'on ne compte pas laisser tel !

J'accumule des phrases dont je sens bien qu'aucune ne fait mouche. On détourne le regard, on tapote l'accoudoir de son fauteuil, on allume une cigarette. On voit bien ce qu'il en est : je ne veux pas partager mes secrets !

Écrire ne me disait rien qui vaille.

Déjà, parler, m'avait paru désastreux. J'ai raconté dans un texte, que Gérard Mordillat m'avait demandé pour *Libération*, à quel point j'ai ressenti comme une mutilation le fait d'entrer dans le langage.

Étonnée de découvrir que j'avais pu envisager comme une *perte* ce qui, en somme, constitue un acquis – on se socialise en parlant –, je me laissai dire par des analystes qu'il n'y avait en cela rien que de très ordinaire : tout passage au symbolique implique un renoncement. Pour parler, l'enfant doit abandonner le sein de sa mère et les jouissances immédiates du corps à corps. On les retrouvera, adulte, dans l'amour, la tendresse, le câlin, mais ce ne sera plus aussi total.

Se mettre à écrire exige des sacrifices analogues : on se place à distance des événements, on prend du recul, on n'est jamais entièrement dans ce qu'on fait, mais déjà en train de le transformer en mots.

Les écrivains sont des monstres qui tirent leur épingle de presque tous les jeux, capables d'écrire sur le pire, jusque sur la mort de leurs proches, la leur...

J'étais fascinée par les écrivains qui « dansent sur leur vie », comme le suggère Nietzche.

Moi aussi j'aurais voulu m'installer par-delà le bien et le mal, dans l'espoir de moins souffrir.

Écrivain, si l'on se sent frustré de ne pas vivre les choses à plein, du moins ne les perd-on ni à jamais, ni tout à fait : on possède le secret qui permet de récupérer le temps perdu.

Françoise Dolto m'a souvent répété que rien n'empêche un destin de s'accomplir, et que, sans vouloir ni pouvoir le reconnaître, nous avons le pressentiment du nôtre. (Elle disait aussi : « Si quelqu'un doit faire une analyse, quels que soient son âge, ses origines, ses occupations, tôt ou tard il la fera. » Ces propos m'ont déterminée à ne plus « pousser » mon entourage à entrer en analyse. Je me contente d'informer, quand on m'interroge, sur cette forme d'activité qui sort de l'ordinaire.)

Étais-je *destinée* à écrire ?

Tant d'interdits, de réticences m'empêchaient de l'envisager !

Aujourd'hui, je rencontre à tout propos des personnes qui se proclament écrivains en puissance et déterminées à publier. Pourquoi pas ? Beaucoup de choses ont changé en quelque quarante ans, à commencer par le statut de l'artiste et – cela va avec – celui des femmes. Des « marginaux » en quelque sorte.

Ma mère, comme sa patronne Madeleine Vionnet, travaillait dans la haute couture. Bien qu'ayant ouvert sa propre maison avenue George-V, où ses créations éblouissaient ses clientes, elle était considérée comme un fournisseur et reçue, quand elle l'était, en dehors de ce qu'on appelait alors « le monde ». Elle-même n'était pas dépourvue de préjugés, en particulier en ce qui concernait les artistes. Quand elle en admirait une, Cécile Sorel, Marie Marquet, ses clientes, elle disait : « C'est une grande artiste ! » sur un ton qui mettait certes la femme au-dessus du lot, mais la laissait cantonnée dans son genre. Une artiste ne faisait pas partie du « monde ». Et Maman désirait pour moi que je m'y intègre, comme les immigrés souhaitent pour leurs enfants qu'ils deviennent médecins ou avocats...

Je sentais le désir de ma mère et j'avais tellement envie de lui faire plaisir ! Mais l'amour est passé par là...

On a du mal à me croire quand je dis que mon entrée, par mariage, dans une famille de journalistes a commencé par lui déplaire : ce monde-là, à ses yeux, n'était pas assez huppé ! D'ailleurs, il n'y avait pas de journalistes parmi sa clientèle, la plupart des femmes qu'elle habillait ne travaillaient pas.

Aujourd'hui, bien des journalistes, en particulier de télévision, tiennent le haut du pavé. Juste après la guerre, un journaliste était encore quelqu'un qui exerçait une profession douteuse, souvent attaqué, suspecté de mentir ou d'être acheté...

Que ce fût vrai ou faux revenait au même. Il ne fallait pas faire parler de soi, tant on redoutait la rumeur. « Fais attention, on va dire de toi que... » suffisait à restreindre un comportement. Aujourd'hui, le problème, le seul, c'est quand on ne parle pas de vous !

Maman ne pouvait éprouver de réelle admiration pour mon travail dans les journaux. (Il faut se rappeler que collaborer avec la presse, pendant la guerre, c'était forcément trahir. Nous n'étions pas guéris de ce temps-là.) Quant à ce qui est de devenir écrivain, c'était tellement hors de portée, pour nous autres femmes, qu'elle n'y songeait pas pour moi.

Elle avait pourtant fréquenté Colette, laquelle était alors dans une chaise roulante et décorée de la Légion d'honneur, ce qui fait qu'elle lui pardonnait à demi ses impudeurs littéraires.

Mais le destin veillait, et il décida peut-être de nous infliger une leçon à toutes deux qui avions plus de préjugés que d'ambitions. Le premier roman que j'écrivis le fut en présence et en compagnie de ma mère !

C'était durant l'été 1973. Depuis une dizaine d'années, divorcée, je louais en juillet et en août une maison aux Portes-en-Ré, où je me retrouvais souvent seule avec mes chats et mes articles à rédiger pour le journal.

Je me revois sous la treille, près du puits, lisant l'exemplaire, tout juste imprimé, que m'avait envoyé l'éditeur, du *Cheval d'Orgueil*, de Pierre-Jakez Helias. « Mais c'est un chef-d'œuvre ! » me disais-je sans pouvoir m'en détacher. Jean Malaurie, un ami, m'avait soupiré pendant des mois, des années : « Il faut que je me rende encore en Bretagne, j'y ai là un auteur, un ancien instituteur, que j'ai décidé à écrire. » La Bretagne était loin, avant le TGV, et je trouvais Malaurie bien courageux. L'éditeur était finalement parvenu à ses fins et le résultat me parut d'emblée extraordinaire. Je m'empressai de l'écrire pour mon journal. L'article fut publié dans le mois, je crois que ce fut le premier.

Cet été 1973, j'avais donc décidé d'emmener Maman à l'île de Ré, et elle avait accepté de m'accompagner. Dans ces anciens chais transformés en habitations, l'installation était sommaire, mais Maman savait s'accommoder de bien des choses du moment qu'il y avait autour d'elle de la beauté. L'île en regorgeait.

A plus de quatre-vingts ans, elle venait avec moi jusqu'à la plage, et, par beau temps, n'hésitait pas à se tremper dans la mer, contemplant l'eau, le ciel, les enfants à leurs jeux, s'exclamant : « Quelle merveille ! » Maman savait, c'est rare, exprimer son contentement. Le reste de la journée, après avoir mangé, et très bien, elle sommeillait.

C'est en attendant qu'elle voulût bien sortir de sa grasse matinée que je me mis, un beau jour, à rédiger les premières pages de ce qui allait devenir *Un Été sans histoire.*

Le texte n'avait alors ni titre ni destination. Pour moi, je n'étais pas en train d'écrire un roman, je n'y songeais pas, n'y comptais pas. C'était pour m'occuper pendant que Maman dormait.

Qui sait si, du fond de son inconscience, elle ne me l'a pas dicté ?

Maman couchée, sa présence remplissait la maison à la façon dont la lumière se diffuse d'une lanterne en papier plissé, et je me sentais tranquille pour m'abandonner à mes rêvasseries.

« *Et moi aussi je peux écrire de ces histoires qui vous plaisent tant !* » Lue dans la préface d'*Histoire d'O*, l'œuvre érotique de Pauline Réage, cette phrase me secoua sans que je comprisse pourquoi.

C'est qu'elle définit à la perfection la manière dont on se laisse mener par sa plume pour la première fois : l'œil rivé sur un autre. Dans l'intention de l'éblouir. De le défier aussi. (L'homme à qui s'adressait Pauline Réage, dont la pensée orienta cet été-là son écriture, était lui aussi écrivain, amateur d'érotisme.)

Toute mise en écriture, tout art et même toute action commencent par le pastiche, l'imitation.

Qui copie qui ? Balzac écrit-il comme un journaliste ou les journalistes font-ils du Balzac ?

Victor Hugo, on l'a assez dit, emploie tous les styles. Dans *Choses vues*, lui aussi se fait journaliste, et dans le *Tas de pierres*, il préfigure André Breton. A moins que le surréalisme n'ait imité Hugo ?...

Quand j'écrivais chaque semaine une chronique littéraire pour mon journal, je trempais chaque fois ma plume dans l'encrier de l'auteur dont j'avais à traiter. Utilisant son vocabulaire, ses tournures – je me souviens d'un article sur *Molloy* dans lequel je ne rendis pas la tâche facile à nos lecteurs, encore étrangers à l'écriture de Samuel Beckett...

Mais moi, où était mon encrier ?

Certains – comme Françoise Sagan – trouvent d'emblée leur style, leur voix, leur « petite musique », et n'en démordent plus. Il n'y a pas chez eux de période bleue ou rose, ni de copies de maîtres, ils sont tout entiers dans leurs premiers mots. (Une invariabilité qu'on peut finir par leur reprocher : c'est le revers.)

D'autres passent par toutes les couleurs de l'arc-en-ciel stylistique. A certains de mes paragraphes, je reconnais des tournures, des rythmes empruntés à tel ou tel, et qui sont des saluts à qui j'aime. J'ai écrit (pas forcément publié) à la manière de Nimier, d'Alexandre Dumas, de Proust, de Morand. Proust nous a tous marqués, avant les maîtres du Nouveau Roman (Duras, Sarraute, Robbe-Grillet, Pinget). Notre prix

Nobel de littérature, Claude Simon, ne renie d'ailleurs pas ce qu'il doit à Proust et à Faulkner.

Les jeunes, eux, s'approprient dans l'instant les néologismes et tournures nouvelles, sans en repérer l'inventeur. Parfois c'est un animateur de télévision, un comique, comme Coluche, qui jette un mot attrapé en vol. La rue ramasse, puis l'écrivain s'en empare. Qui irait le lui reprocher ? Le langage est à tous.

Le seul à s'en faire grief – *in petto* – c'est l'écrivain lui-même. Il sait bien qu'avoir un style à soi et s'y tenir doit être la règle de qui écrit pour dire, non pour faire écho.

Mais si s'exprimer, pour certains, c'était justement chiper ci ou ça et le restituer à sa façon ? Des peintres de renom l'ont reproché à Picasso à qui ils fermaient prudemment la porte de leur atelier. Son œil rapide, imparable, moissonnait sur-le-champ ce qu'un autre avait laborieusement extirpé de son tréfonds, et en enrichissait ses toiles avec plus d'astuce, d'apparat, d'éclat et d'emphase que le novateur. De quoi crever de dépit ! Or, c'est par ce maraudage que s'exprimait son génie.

La manière de chaque écrivain, sa démarche, sa façon de se « vendre », de « promouvoir » son œuvre, fait partie de son style. Celui de tel pître du verbe n'est pas moindre, pour se trouver à l'opposé d'un Maurice Blanchot, grand écrivain caché, muet, inaudible.

Pour mon premier essai, je résolus d'imiter Colette. Des chats flânaient autour de moi, la lumière entrait par flaques dans la maison, luisait sur les feuilles de la vigne, une rose se balançait dans l'encadrement de la porte, un banc de bois se proposait, l'odeur du melon mûr déposé sur la table de la cuisine embaumait tout.

Oui, c'était l'habit de Colette que j'avais envie d'endosser. Peut-être aussi celui de Giraudoux, pour le balancement des phrases « à la française ». (On dit que le français n'est pas musical, il l'est plus qu'aucune autre langue, d'une harmonie ineffable !)

Je commençai donc par décrire, à la manière, croyais-je, de mon modèle, une maison de vacances et le bonheur qu'elle contribue à instaurer. Toutefois, dès la première phrase, ce qui m'appartenait se fait déjà jour : « *Cet été-là, j'avais décidé qu'il ne se passerait rien.* »

La notation, moraliste, est peu courante chez Colette, amorale et si magnifiquement sensuelle. Elle traduit aussi l'angoisse de la mort. Que peut-il en effet se passer de redoutable au cours du mois d'août – où je suis née, et chacun sait qu'on ne traverse jamais sans secousses la période de son anniversaire – que la mort ? Accident d'autant plus épouvantable que l'été promet comme une pause dans notre aventure terrestre.

Sur ma lancée, je parlai de la disposition de la maison, des odeurs, des saveurs, de la solitude, de l'herbe...

On me demande souvent : « Mais où est-elle donc, cette maison que vous avez si bien décrite ? » Inutile de répondre « nulle part », personne ne peut croire qu'un inventaire aussi détaillé puisse sortir de l'imagination. Forcément on a vu, on « recopie » !

C'est là où la différence entre celui qui écrit et celui qui veut écrire est la plus nette. L'écrivain sait bien, lui, qu'il est dans la langue, et nulle part ailleurs.

Le néophyte est encore dans ce qu'il nomme la « réalité », et comme il connaît des endroits plus beaux que ceux qui figurent dans le livre, a rencontré des personnes plus extraordinaires que les personnages du roman, vécu des événements infiniment plus voluptueux ou dramatiques, il est convaincu qu'il n'a qu'à les « photographier » pour faire un chef-d'œuvre !

Seulement, n'est-ce pas, il n'a pas le temps ! Il va vous passer les clichés, vous l'écrirez à sa place – on partagera les droits. « Mais pas 50/50, c'est ma vie, il serait juste que je touche plus que vous ! »

Cette anecdote, une amie vient de me la conter : elle allait mettre sa plume – déliée – au service d'une dame qui désirait voir transcrite sur papier sa brillante biographie. Toutefois, elle ne voulait verser à l'écrivain qu'un petit forfait. C'était sa vie à elle, et ce que la plumitive y apporterait ne serait que de la syntaxe et de l'orthographe ! Presque rien, croyait-elle. (Le marché ne se conclut pas, et la biographie ne vit évidemment jamais le jour.)

Essayant de faire « comme Colette » – je songe aux savoureux *A la manière de* de Reboux et Muller –, je ne me sentais plus moi. C'est ce qu'il me fallait pour oser ! Je me croyais introduite dans la peau de l'auteur du *Blé en herbe*, et les éclats de mon cru étaient comme les grimaces d'un singe reproduisant la mimique humaine : à ne pas prendre au sérieux...

Deux, trois chapitres s'écrivirent ainsi d'emblée.

Mais voici qu'au fil des jours – Maman somnolait continûment dans la chaleur caniculaire –, je me pris à mon jeu. Requise par l'histoire, j'en oubliai Colette et y allai de plus en plus à ma façon, que je découvrais à mesure.

Ce fut ma première leçon en écriture. Elle est la même pour tous, mais chacun doit l'apprendre : aux premiers mots tracés, on dispose encore de tous les possibles, mais plus on avance dans l'histoire, avec des personnages inventés qui ne sont au début que des ombres, plus le « roman » prend de la consistance. Bientôt, c'est lui qui vous mène tandis que se rétrécit le champ de votre liberté de création. Aux deux tiers de l'ouvrage, la fin est tracée et on ne peut lui échapper. L'engrenage romanesque est devenu fatal.

Je me le dis chaque fois : au début, c'est moi qui porte le livre ; au bout de quelques chapitres, c'est lui qui me soutient.

Et plus j'avançais dans mon texte, plus il se conduisait à sa guise, m'entraînant là où je ne voulais pas aller, me ramenant par exemple à Paris. Sans compter que cette femme d'un certain âge dans lequel je m'étais projetée – me vieillissant, puisque j'en avais fait une grand-mère – se prenait un amant de vingt ans !

L'été se termina, il fallut rentrer sans que j'eusse le sentiment d'avoir produit un livre. Ce ne fut pas l'avis d'un éditeur qui m'obligea à le lui montrer et me téléphona le lendemain qu'il publiait.

Je me sentis quelque peu mal à l'aise, puisque ce livre, me semblait-il, n'était pas « tout moi ». Je croyais encore que la littérature est une opération de sincérité. Or, ce qui compte – cela aussi, j'allais l'apprendre –, c'est « l'efficacité » et, pour y parvenir, tous les moyens sont bons.

En même temps, de m'être mise à couvert derrière Colette et Giraudoux me rassurait : j'avais des protecteurs !

Et puis, c'était l'éditeur qui avait décidé de publier, ce n'était pas moi.

A ma surprise, presque ma vexation, ce fut le premier chapitre – le pastiche – qui fit le succès du roman ! Les lecteurs devaient y reconnaître un ton qu'ils avaient aimé ailleurs... et pour cause !

« Ah, me dit-on encore, vous avez si bien parlé d'une maison d'été dans un livre – rappelez-moi donc son titre. D'entrée de jeu j'ai adoré votre style, et je vous suis depuis ! »

A mon second essai, voulant prouver que je pouvais être moi, rien que moi, je fis paraître un roman quelque peu contraint – sans doute l'étais-je – que publia Gallimard, que Michel Cournot loua sans réserves dans L'*Observateur*, mais qui eut peu d'échos : *Je m'amuse et je t'aime.*

J'étais alors au début de mon analyse. Était-ce dû à l'un de mes avatars ? Le narrateur qui dit « je » tout au long du livre est un garçon. Erreur !

Je l'écris sans en être convaincue : il n'y a pas de maldonne en écriture, il n'y a que des étapes, des moments, des nécessités où l'on ne se rencontre pas toujours. Mais quand on écrit « à côté de soi », le public le sent et ne vient pas.

La vraie rencontre avec les lecteurs n'a lieu que lorsqu'on est tout à fait au clair avec soi-même. Au cœur de sa vérité, fût-elle atroce, pire encore : banale. Pour certains – comme moi –, cela demande une longue initiation. Un énorme travail de mise à plat, puis de reconstruction.

Mais pas d'effort d'écriture : l'écriture est à notre service, elle doit nous suivre comme un petit chien. Le seul vrai travail à effectuer l'est sur soi-même.

C'est ce qu'ignorent ceux qui se flattent d'écrire « pour les autres ». Nul n'écrit pour les autres, on n'écrit que pour l'autre en soi.

Dans les années 70, je baguenaudais de livre en livre au gré d'une fantaisie qu'accueillait facilement le bon vouloir des éditeurs. C'était encore la période faste et tranquille de l'expansion économique et l'édition marchait d'un bon pas : chaque année on vendait plus d'ouvrages. Il fallait que la publication suive le rythme. Comme j'en écrivais mon content, je faisais donc partie – je le disais parfois aux libraires qui me regardaient alors d'un œil rond – des « fournisseurs ».

Puis, en 1981, d'un jour sur l'autre, j'arrêtai d'écrire.

Je venais de rencontrer ce à quoi j'aspirais depuis toujours et qui me paraissait infiniment plus important, plus vrai que la littérature et ses masques : le grand amour!

Cette histoire, je l'ai racontée en détail quatre ans plus tard. Toutefois, je n'ai pas dit l'influence déterminante qu'elle eut sur mon écriture.

J'étais inconsciente du phénomène. Avec le

recul, ce qui m'est arrivé me paraît exemplaire de la place que prend – ou ne prend pas – l'écriture dans une vie de femme. C'est pourquoi j'y reviens.

Quand on me presse trop de questions, il m'arrive de répondre : « J'écris parce que je ne sais rien faire d'autre. » On sourit d'un air complice : fausse modestie !

Pourtant, c'est vrai. L'échec de cette relation amoureuse a achevé de me convaincre que je n'étais pas d'ici. Circonstances de ma naissance, déroulement de mon histoire personnelle, trait inné de ma nature ? Le fait est que lorsque je m'engage dans une action qui me tient à cœur, généralement elle échoue ; je suis rejetée, expulsée.

Un souvenir me revient brusquement, comme en analyse, et comme en analyse je crois utile de ne pas le refouler ! Je devais avoir dix ou douze ans quand, pour une fête quelconque, peut-être de fin d'année, mon cours organisa un petit spectacle sur scène avec danses, déguisements. Je m'y préparai comme à un événement considérable, il faut dire qu'il n'y en avait pas beaucoup dans ma vie d'enfant, faite de monotonie.

Ma mère contribua à mon costume – cela, elle savait faire –, j'appris consciencieusement ce que j'avais à exécuter, quelques pirouettes, des ronds de bras. Au jour dit, j'entrai en scène en oubliant d'ôter mes chaussettes beiges, hideuses avec mon costume de taffetas rose! Ce fut un tollé, du moins familial : le reste du public s'en moqua, chacun n'ayant d'yeux que pour sa progéniture.

Cette humiliation me souffla comme les bougies d'un gâteau d'anniversaire. Je n'étais donc bonne à rien! Plus exactement : chaque fois que je me préparais à montrer enfin qui j'étais, en somme à me faire applaudir, aimer pour mes mérites, c'était l'échec!

Je me renfermai dans une maussaderie dont rien ne me tira pendant des années... Sauf parfois le sport, pour les secousses qu'il donne, mais là non plus je ne triomphais pas, tombant sans arrêt de cheval, m'écroulant à skis, trop « laxe » pour le golf, me disait le professeur, sans musculature. Il n'y avait qu'en natation que je me débrouillais un peu : je savais flotter et nager sous l'eau.

C'est ce que pointe le retour de mon souvenir : une irrémédiable inadéquation au monde qui m'entourait. Beaucoup d'enfants sont ainsi : ils pensent être les seuls à se sentir mal à l'aise, en porte-à-faux, alors que tous les autres seraient admirablement adaptés. Il n'y a que les chats et les chiens qu'ils voient comme eux, « à côté » : d'où l'affection immédiate qu'ils leur portent – ils s'aiment en eux!

Moi aussi j'ai tout de suite aimé les chiens, les chats, les agneaux, les porcelets, les poussins, les oiseaux, et cela ne m'a pas passé, nous sommes semblables : sur le qui-vive.

Quand j'ai rencontré cet homme, je cessai de me protéger, de m'inquiéter, de me défendre, de me juger à part. Expérience ineffable : pour la première fois de ma vie, je me sentais une femme comme les autres. Une amoureuse comblée. J'en étais donc capable ?

Eh bien non : quatre ans plus tard, je fus « vidée », selon l'expression si parlante des lieux publics !

La même histoire m'a été contée des dizaines de fois depuis lors – quand on ne me l'écrit pas sur huit pages – par des femmes qui ont éprouvé exactement la même chose que moi. Les circonstances peuvent être autres, la différence d'âge inversée ou inexistante, le « ressenti » est similaire : elles ont fait confiance à un homme, à leur propre cœur, à leur intuition, et elles se sont trompées.

Ce qu'il y a de plus destructeur, dans ce genre d'affaire, ce n'est pas de se retrouver seule du jour au lendemain, avec sa valise sur le trottoir ; c'est qu'on perd toute confiance en soi. On n'éprouve plus que défiance envers la moindre de ses perceptions... On voit le ciel bleu ? Ce n'est pas possible, il doit être gris, ou noir !...

Cette déréliction dure des mois, des années, quand elle ne conduit pas au suicide. C'est le « narcissisme », comme me le répétait Françoise Dolto, qui en a pris un coup, parfois mortel.

« Tu as donné le meilleur de toi-même... C'est de cela que tu souffres. »

Elle essayait aussi de m'expliquer qu'on ne donne jamais le meilleur de soi en vain. Que de toute expérience douloureuse on retire un fruit, qu'il faut savoir le cueillir... Mais ce coup – qu'à aucun moment je n'avais vu venir – couronnait une trop longue série d'échecs pour que je pusse me consoler aussitôt. Avant d' « oublier », comme on me le conseillait, il fallait d'abord que je digère.

Le mot *digérer* est exact : il s'agit de transformer une matière en une autre, puis d'excréter. Par bonheur, je disposais de l'instrument : l'écriture. Il n'y a pas plus formidable machine à transformer le vécu, le réel, la douleur en autre chose, que l'écriture.

Je devais en avoir l'intuition, car c'est sans réfléchir qu'à peine rentrée chez moi, dans la seule compagnie du chien, je m'y précipitai. Avec une rage, une force, un refus du reste que je n'avais jamais connus jusque-là.

« Ah, frappe-toi le cœur, c'est là qu'est le génie », a écrit le pauvre petit Musset dont je connaissais tant de vers par cœur, mais sans en saisir la justesse. « Rien ne nous rend plus grand qu'une grande douleur » : son autre plainte avait elle aussi accompagné ma jeunesse. Mais, à ce moment-là, je ne pensais ni au poète, ni à moi, ni à mon amour trahi, je ne pensais qu'à une chose : m'extirper de la réalité.

En somme, j'étais folle.

[illegible]

Au cours des signatures et des rencontres avec les lecteurs, on me confie souvent d'un air gourmand : « De tous vos livres, c'est *La Maison de Jade* que je préfère ! »

Je rétorque : « Ne comptez pas sur moi pour le récrire, plus jamais je ne ferai un tel livre ! »

On me considère avec ébahissement : qu'est-ce que j'ai contre mon livre ?

J'ai que je l'ai écrit dans un état second, pratiquement sans manger ni dormir, et que si c'est le prix à payer pour écrire un roman qui marche mieux que les autres, je préfère ronronner à l'étage au-dessous.

« Cela vous a quand même rapporté ! »

Oui, de l'argent, de la notoriété. Qu'est-ce à côté de la perte de substance qu'on éprouve à traverser ces tunnels où la vie vous oblige à vous engouffrer ?

En même temps, je ne regrette pas cette épreuve : sans doute était-elle nécessaire.

Tout en écrivant ce qui n'était à mes yeux qu'une « confession », j'envoyais à l'homme enfui des lettres demeurées sans réponse, et je tenais une sorte de journal.

Comme je n'écrivais pas encore sur ordinateur, mais sur machine à écrire, les lettres ne se sont pas conservées, mais j'ai gardé le journal. D'où cet extrait que je transcris intégralement pour mieux démontrer mon propos : plus la douleur est forte, plus l'écriture risque de l'être.

Toutefois, souffrir ne suffit pas à donner de la valeur à un texte. Ce serait trop simple – et finalement agréable ! Une chère amie peintre qui, avant de se suicider, m'a beaucoup appris sur la création, me répétait : « On se donne autant de mal pour un mauvais tableau que pour un bon ! »

Le créateur n'a de prise que sur son assiduité au travail. Le résultat, l'accueil que son œuvre trouvera auprès du public, ne dépendent pas de l'intensité de son effort, mais d'une sorte de grâce inexpliquée, inexplicable.

Peut-être aussi de l'amour – désintéressé – que quelqu'un lui porte. Ce « guide » hors de l'enfer – pour moi, une femme – j'ai eu la chance qu'il vienne spontanément à mon secours.

Voici ce que j'en écrivis :

*« Une tumeur énorme, lourde à porter. Comme un fœtus plus qu'à terme. Je haletais, respirant à petits coups.*

*Mais impossible de vraiment rendre compte de l'envahissement du corps par quelque chose qui vient de l'esprit !*

*Puis ça a commencé à sortir par saccades : des phrases complètes, ponctuées, indépendantes.*

*Taper fait du bien. Le contact sec de la touche se communique à l'épaule, au cou, à la tête, relâche la tension nerveuse. Première respiration un peu plus profonde. Je m'arrête, relis.*

*Écrire est vieux comme les cavernes. Qui ne sait ni lire ni écrire, dessine sur le sable. Les condamnés à mort griffent les murs des cachots : vengeance !*

*Qui va me venger, moi ?*

*L'amour blessé fait peur.*

*« Dis donc, chérie, par de règlement de comptes, tu m'entends ! »*

*Elle seule vient me voir avant d'aller à son travail d'éditeur. On dit qu'elle a la passion des « coups », encourage à écrire qui n'est pas fait pour ça, rapetasse le manuscrit, appose un titre choc, lance le brûlot et fait un « malheur » à la barbe de la profession... Quelque temps plus tard, le poulain, abandonné à lui-même ou racheté par les concurrents, se casse la gueule au deuxième obstacle... Déjà elle est ailleurs, à prouver qu'il n'y a que de l'écriture, pas d'écrivains !*

*Il faut un flair de chacal pour humer l'odeur du sang, de la souffrance fraîche, de la haine sans issue. Est-ce pour cela qu'elle est chez moi à l'heure du premier café? Pour ce qu'elle imagine que j'ai à dire?*

*Pourtant, elle répète: «Attention, pas de règlement de comptes... »*

*Je ris: elle n'a rien à craindre.*

*Ce que je porte en moi, qui me bouffit de l'intérieur, alors qu'anorexique je deviens tous les jours un peu plus maigre, c'est une bombe infiniment plus forte que la haine ou le besoin de vengeance: l'amour.*

*Elle me fixe de son œil qui n'accommode pas sur la personne, mais au-delà. Et je comprends: c'est à cause de lui qu'elle est chez moi, chaque matin, avant d'aller à son bureau. Pour l'amour! Parce qu'elle ne veut plus exposer le sien à la trahison ni au ravage, et que moi je l'ai fait. Puis elle s'en va, sautillante malgré sa corpulence, se plonger dans les eaux infestées où se battent à longueur de saisons les crabes de la critique et les requins de l'édition.*

*Ces seigneurs du papier n'ont qu'une arme, la phrase: mais trois mots tirés à bout portant tuent plus sûrement que l'arsenic. En ce domaine, elle est maîtresse, perfide à souhait. Bien d'autres – de la petite espèce – ambitionnent son pouvoir. Ils l'épient, la copient, jusqu'au jour où, croient-ils, ils en sauront suffisamment pour la faire basculer.*

*Le jeu l'amuse. Ce qu'elle aimait vraiment, elle l'a déjà perdu.*

*C'est notre exil qui nous rapproche, sans qu'en soit dit un traître mot, et c'est pourquoi elle jubile que j'écrive « la vérité » tandis qu'elle-même échafaude, traficote, trahit sans remords les trop avides.*

*Elle sait que je me fous autant qu'elle de la littérature.*

*Laquelle a horreur qu'on la courtise.*

*(Bien plus tard, Sarraute m'arrête sur le trottoir de notre commun quartier pour me complimenter. « Merci, Nathalie, de vos paroles flatteuses, mais les critiques ne pensent pas tous comme vous! Il paraît que ce que je fais n'est pas de la littérature! – Ah, la littérature! Ne vous en faites pas pour elle! On croit qu'elle est ici, elle n'y est déjà plus, elle est passée ailleurs... Moi, je n'ai qu'un mot à vous dire : continuez. D'ailleurs, je sais que vous le faites! »)*

*Je me remets à ma table. Cela m'a fait du bien, à travers ma visiteuse matinale, de respirer l'odeur de la « grande maison » chargée de poussière, déjà moisie.*

*C'est du passé, tout ça, du révolu : c'est ce qu'elle est venue me dire – sa propre vengeance contre le « système » féroce auquel elle appartient? – et me répéter par sa seule présence.*

*« Vas-y, hein, à ta façon. »*

*Mes doigts n'en connaissent aucune autre.*

*De temps en temps, je descends dans la rue. Je bouge et un sang plus rouge me monte au cer-*

*veau. Aussitôt des mots s'enchaînent que j'ai peur d'oublier; je m'arrête alors chez le buraliste, achète une carte postale, note. Ainsi m'est venue la dernière phrase du roman :* « Il y a des hommes qu'il vaut mieux avoir eus qu'avoir à attendre. »

*Je l'ai inscrite à la pointe Bic, à la place réservée à l'adresse, sans bien saisir ce qu'elle disait. Ni qu'elle serait l'étoile du Nord vers laquelle – je n'étais qu'au tiers du roman – j'allais me diriger jour après jour, chapitre après chapitre, jusqu'à la fin.*

*Détachée de tout contexte, cette petite phrase me tirait vers le terme car elle signifiait, je ne le compris que plus tard : « En avant pour la libération! »*

*Livre, délivre, j'accouchais, bien sûr, et c'est un travail, mais non douloureux, vif et surtout rapide.*

*Qui n'écrit pas comme la foudre n'écrit rien de bon – telle est ma conviction.*

*Tout le temps qu'on transcrit le texte – il ne s'agit que d'obéir – on n'est sûr de rien. On se dit : c'est nul, faiblard, trop vite tracé, mais qu'importe, puisque personne ne lira, ça n'est qu'un brouillon, une ébauche, je termine pour m'en débarrasser, bon Dieu, si ça pouvait finir de couler...*

*Ça s'arrête, de soi-même. On relit. Ne saisit rien. Relit encore : peut-être une petite tournure ici et là... On verra mieux quand on aura « oublié ».*

*Je lui montre :*

*« Qu'est-ce que t'en penses?*

*– Mmmm... Continue ! »*

*J'ai su plus tard qu'aux premières pages, elle avait trouvé ça plutôt mauvais : trop « cru ». Enfin, autant que j'écrive ! Dans mon état !*

*Quand a-t-elle considéré que cela devenait « bon », c'est-à-dire publiable? Au bout de quel nombre de pages est-elle parvenue à s'habituer au « monstre » ?*

*Car personne n'aime le « nouveau », du moins de prime abord. Nous ne tolérons bien que la répétition. L'identique. Ce qui est fait au moule, ou presque.*

*A ce jeune homme qui, l'autre jour, me dit : « Je ne suis pas comme les autres, d'ailleurs je ne veux pas l'être, je me sens singulier ! », je réponds :*

*« Écoute, mon vieux, si tu avais trois bras, deux têtes et un seul œil, crois-moi, tu ne serais pas du tout content !*

*– C'est vrai », concède-t-il, réconcilié avec le conformisme.*

*Alors, mon roman, de quel « moule » sort-il?*

*Ni elle ni moi ne lui trouvons de filiation. Ce qui nous taquine comme un gravier dans notre chaussure.*

*« C'est une histoire d'amour », finit-elle par concéder.*

*Est-ce sa façon de m'absoudre? Étant donné que l'amour est fou, si mon livre qui traite d'amour se révèle fou, c'est dans l'ordre des choses.*

*« Tout de même, ajoute-t-elle.*

*– Quoi?*

*– Rien. »*

*Avec elle, c'est toujours pareil : dès qu'elle s'aperçoit que l' « enfant » commence vraiment d'apparaître, elle ne dit plus rien, ni avis ni conseils, mais elle est là. A souffler le « chaud » autour de vous.*

*C'est ainsi que le livre finit par naître tout seul.*

*« Dis donc, je crois que je suis en train de terminer.*

*– Bien, ma chérie. J'attends. »*

*En dehors d'elle, personne ne m'attend plus nulle part, et je me dis que nous deux seules autour de ce berceau, ça ne fait pas grand monde : l'âne et le bœuf!*

*Mais ça suffit.*

*La preuve : près de moi, les derniers temps, un homme encore jeune m'emmène dîner, me raccompagne.*

*« Mais qu'est-ce que tu fais de toi toute la journée?*

*– Je travaille.*

*– A quoi?*

*– J'écris un livre. »*

*Quand* La Maison de Jade *est sorti et qu'il en a, comme on dit, « entendu parler », il lui fallut du temps pour en revenir.*

*« Enfin, ça n'est pas possible : c'était donc ça que tu écrivais pendant que je te fréquentais? Pourquoi ne m'en as-tu rien dit?*

*– Mais je te l'ai dit!*

*– Je n'ai pas compris...*

*– Que voulais-tu comprendre?*

*– Que c'était ça! »*

*Il voulait dire : ce succès!*

*« Mais moi non plus, je ne savais pas que c'était ça que j'écrivais. Comment aurais-je pu te le dire! »*

*Personne ne connaît le destin d'un livre : pas plus l'éditeur que l'écrivain. On se débarrasse comme on peut du « fardeau », de la tumeur sentimentale et cérébrale. C'est tout.*

*Certains parents ont mis au monde sans le savoir des enfants destinés à leur dévorer la vie, ils ne seront plus désormais que les parents de ces enfants-là! Fini leur destin propre!*

*Certains écrivains, une fois leur livre publié, sont tout autant condamnés à ne plus être que son auteur! Tant qu'ils étaient « au travail », ils n'en avaient pourtant aucun pressentiment! (Sinon ils l'auraient étranglé, comme Hercule dans son berceau). Et quand la réussite est arrivée, il était trop tard pour freiner!*

*« Tu aurais mieux fait d'aller à la pêche, ce*

*jour-là, au lieu d'aller au lit », dit-on aux parents qui se plaignent de leur encombrante progéniture.*

*Mais que dire à l'auteur d'un succès que nul n'avait prévu ?*

Mon ex-mari vient de m'appeler au téléphone et notre conversation est assez symptomatique de nos rapports. Également de la façon dont un écrivain doit défendre moins son œuvre que ce pour quoi il s'autorise à écrire.

« Je viens de lire un article sur toi dans un journal, me dit-il. Il est très bien. Sauf sur un point.

– Lequel ? »

S'il m'appelle, je n'ignore pas que c'est à cause de ce « point », quel qu'il soit.

« La journaliste écrit que tu es malheureuse parce que tu n'as pas eu d'enfants ; que, pour toi, c'est un drame.

– Et alors ?

– Eh bien, c'est ridicule ! Si c'est toi qui dis ça aux journalistes, tu dois cesser ! Tu es un écrivain, tu as ta carrière, c'est tout ce qui compte, et ça suffit. On ne dirait pas d'un homme écrivain :

il y a une catastrophe dans sa vie, il n'a pas pu avoir d'enfants !

– Justement, je ne suis pas un homme, je suis une femme.

– Et alors, tu n'es plus féministe ?

– Plus que jamais : seulement je ne pense pas que les femmes soient inférieures, je pense qu'elles sont autres. Le destin biologique d'une femme – ce n'est pas le même pour les hommes – est d'avoir des enfants. Quand on n'en a pas eu, il vous manque quelque chose...

– Il y a bien assez d'enfants comme ça dans le monde, et toi, tu as autre chose à faire !

– Quand une femme n'a pas fait d'enfant, quoi qu'elle pense ou dise, elle est mutilée sur ce plan-là. »

Je ne vais pas lui raconter que j'ai mis des années à admettre ma stérilité, que si j'y suis parvenue, c'est grâce à la psychanalyse – discipline qu'il récuse –, et que c'est depuis que je me le suis avoué que je peux l'accepter. Sans plus y penser de façon destructrice.

« Et puis, je vais te dire autre chose : quand une femme a du succès – écrire et être publié en est un –, elle se crée des jalousies. Pour les désarmer, il faut avoir un manque, une faille, un échec, un défaut, une imperfection, afin que les autres puissent dire : « La pauvre... » Alors seulement on pardonne la réussite.

– Qu'est-ce que ça peut te faire, ce que ces femmes pensent ? Tu as tes lectrices !

– C'est d'elles que je parle ! Elles m'aiment parce que je pleure parfois, comme Soraya...

– Tu crois ?

– Beaucoup de femmes viennent me dire : moi aussi, j'ai eu des malheurs avec mes enfants, mon mari – en fait, avec elles-mêmes, on n'a de vrais malheurs qu'avec soi ! Merci d'écrire ce que vous écrivez sur la vie des femmes, cela me console.

– Ah ? Eh bien, dans ce cas, fais comme tu penses... »

Ainsi sont nos rapports depuis plus de quarante ans. Je ne le convaincs pas, il ne me convainc pas non plus, mais, chacun de notre côté, nous réfléchissons ensuite à l'avis de l'autre et quelque chose progresse dans nos esprits respectifs.

Il est peut-être temps, après tout, que je cesse de larmoyer sur ma stérilité... De son côté, lui doit être en train de se dire qu'après tout, il y a peut-être un autre sexe que le sien, celui des femmes, et que les femmes ne sont pas seulement des doubles, des compagnons de route, mais des êtres différents, à traiter comme tels !

Si la communication continue depuis tant d'années entre cet homme et moi, c'est que je ne lui ai jamais fait la seule chose qu'il ne supporte pas : des scènes.

Ce n'est pas que j'aie meilleur caractère que les autres femmes, mais je ne suis pas tout à fait « au monde ». Ce qui relève du normal ou du quotidien m'est toujours passé par-dessus ou par-dessous.

Savais-je même que j'étais une femme ?

La première fois que j'ai entendu parler de Françoise Dolto, elle venait de publier un livre : *Le Cas Dominique*. Nous étions en 1971 et toutes sortes d'analystes sortaient alors de nombreux ouvrages. Si, dans cette marée, je me sentis particulièrement attirée par le livre de Françoise, c'est parce que figurait dans le titre le mot « cas ».

Lorsque j'étais adolescente, on appelait « subjectivisme » tout ce qui portait à s'intéresser à la vie intérieure, à la psychologie, à condition d'admettre – ce qui n'était pas le fait de tout le monde – qu'on en avait une. Toutefois, cela restait bien théorique, comme la notion, qu'on m'avait inculquée en classe, de l'existence de l'inconscient. La grande découverte de Freud, cette obscure instance cohabitait tant bien que mal avec le conscient. En chacun de nous était censé exister une sorte de pot au noir contenant tout ce que nous ne savons pas ou ne voulons pas savoir de nous-mêmes.

Je n'y croyais qu'à moitié, car mon inconscient, je ne l'avais pas « ressenti », je n'en avais pas « pris conscience », il ne m'était jamais apparu sous aucune forme !

Or, j'étais convaincue d'être prête à tout admettre de moi-même : ce que j'étais, pensais, ressentais, même le pire, l'amoral et le scandaleux... Si j'avais un inconscient, il ne pouvait qu'être réduit au minimum, et croire en lui relevait, comme pour l'existence de Dieu, d'un acte de foi.

Il m'arriva même de me dire dans un défi : « J'ai désormais tout pensé de ce qu'on peut penser ! Ce que la vie va être ennuyeuse... »

Comme je ne fréquentais à l'époque aucun interlocuteur intéressé par le débat intérieur, nul ne chercha à me contredire. Mais je ne devais pas être tout à fait satisfaite par mon raisonnement, car je demeurais à l'affût d'un démenti.

Mon attention fut donc captivée par le mot « cas ». Je pressentais que seule la description d'un « cas », c'est-à-dire la relation clinique, quasi scientifique (ce que ne sont pas les romans dits « psychologiques » dont je m'abreuvais), de ce qui se passe chez un autre être, pourrait m'apporter du « nouveau », me révéler la différence entre mon expérience et celle d'autrui, en somme me mettre face à ce qui me manquait dans mon univers reclos sur lui-même : la contestation.

C'est sans préambule que Françoise Dolto nous introduit au cas de cet enfant qu'elle a surnommé Dominique.

Comme tout le monde, je savais qu'il y a des gens qu'on nomme « fous », dès lors tenus reclus en asiles, sortes d'hôpitaux-prisons où on les enferme pour les protéger d'eux-mêmes tout en défendant la société contre leurs entreprises agressives. Ces gens-là, pensais-je, sont radicalement différents des autres : des déchets, des malades avec lesquels tout contact est impossible, car ils demeurent imperméables au raisonnement, aux sentiments, et même à leur propre intérêt. Il faut avoir la vocation pour s'en occuper et, comme certains médecins et infirmiers, leur consacrer sa vie. (Je n'avais pas encore suffisamment lu Freud qui nous révèle que c'est en étudiant lesdits malades mentaux qu'on commence d'approcher cette structure d'une complexité abyssale : le fonctionnement de l'esprit humain.)

Sans aucune mise en garde – Freud, quant à lui, estime politique d'en faire quelques-unes dans son *Introduction à la psychanalyse* –, Françoise Dolto vous présente son petit patient, Dominique, comme si vous vous trouviez avec elle dans le cabinet de consultation. Et comme si depuis toujours, du seul fait d'exister, vous saviez ce que c'est qu'un enfant fou.

Je me souviens encore de ce moment-là : j'en

suis restée la bouche sèche. Cela pouvait donc être aussi anormal, un être humain, en arriver à ce point de déréliction ? (Déjà, en 1945, à la lecture de la relation de ce qui s'était passé dans les camps de concentration, j'avais cru entrevoir une démence qui n'était pas de ce monde ; toutefois, les bourreaux paraissaient bien normaux et se considéraient d'ailleurs comme tels : on a pu le constater depuis lors au procès de certains d'entre eux.)

Qu'est-ce que c'était que cette « chose » à forme humaine dont Françoise Dolto m'entretenait par livre interposé ? Qu'est-ce qui pouvait bien motiver l'intérêt d'une femme aussi intelligente pour ce sous-être ?

Par ailleurs, une sorte de sentiment larvé, déplaisant, m'incitait à lâcher le livre : après tout, si Dominique était comme ça, c'est qu'il le voulait bien ! Si les fous sont fous, c'est qu'ils veulent être fous !

(Certains continuent de penser : si les gens se droguent, c'est leur choix, leur libre-arbitre,tant pis pour eux s'ils en crèvent...)

Il me fallut apprendre que ce préjugé, très généralement répandu, ne correspond pas à la réalité – on n'est pas fou « exprès » –, mais n'est pas non plus tout à fait faux.

La folie, ce cercle de fantasmes et de dénis qui isole de la réalité, a la fonction d'un anneau de protection dans lequel l'être humain s'enferme parfois délibérément pour échapper à une souffrance encore plus atroce. Ce peut être le cas d'un bébé.

Car la capacité de l'espèce humaine d'éprouver de la douleur est sans limites, comme son aptitude à la joie.

Et puis Françoise est morte.

Tandis qu'elle s'y préparait, au cours de cette année 1988, elle était tellement en alerte, littéralement si vivante que l'échéance, pourtant prévisible, paraissait improbable.

Chaque fois que j'allais la voir, je notais pourtant, au retour, ce que j'avais enregistré, ressenti, comme si je devais, à moi-même comme aux autres, de me faire le scribe d'un événement considérable dont j'avais le douloureux privilège d'être l'un des témoins.

C'est ainsi que, le 30 juillet 1988, j'écrivis ce qui suit :

*Hier, vendredi, j'ai vu Françoise chez elle, à sa demande soudaine, entre 15 heures 30 et 15 heures 45. Je savais qu'elle n'était pas bien du tout, qu'elle avait beaucoup souffert, la veille, d'angine de poitrine, qu'elle avait failli y passer, que c'était peut-être une question d'heures, et on m'avait dit : « Elle désire vous voir, mais ne la laissez pas parler... »*

*Quand je suis arrivée, Monique, son amie venue vivre auprès d'elle et qui la garde nuit et jour, m'a soufflé en m'introduisant dans sa chambre : « Elle dort, mais elle vous attend. »*

*Elle a tout de suite ouvert les yeux et j'ai vu son regard qui m'accueillait. Très noir sous les paupières cyanosées.*

*Monique m'a dit : « Ah, elle vous a entendue. »*

*Puis elle s'est retirée pour nous laisser ensemble.*

*« Bonjour...*

*– Je peux t'embrasser?*

*– Bien sûr! »*

*Bonheur de sentir sa joue tiède, bien tendue, sans aucune ride, sous mes lèvres.*

*Elle a voulu que je débarrasse un fauteuil.*

*« Je veux te voir bien. »*

*Je préférais être le plus près possible, moi aussi, bien percevoir sa voix faible, toujours la même, articulant si parfaitement, un peu plus lentement, sans doute, à cause de son besoin de prendre à tout bout de champ et à petits coups cet oxygène sans lequel elle étouffait. Et je me suis installée sur la chaise tout contre son lit.*

*Elle m'a dit, angoissée : « Attention au fil! »*

*En effet, j'avais mis le pied, une demi-seconde, sur une boucle du long fil vert qui l'alimentait sans cesse en oxygène, et déjà elle souffrait de « manque ».*

*Je me suis vite installée autrement, puis je lui ai parlé, puisqu'elle ne devait pas parler.*

*Mais, après m'avoir un peu écoutée et m'avoir répondu, elle s'est livrée à ce qui est son plaisir, sa joie, sa raison d'être : faire à son interlocuteur des cadeaux de paroles, en particulier à propos de ce qu'elle venait de découvrir, ses dernières plongées dans la vérité de l'humain, grâce aux enfants – ces derniers temps, des tout-petits, des bébés.*

*Je transcrirai par ailleurs ce qu'elle m'a révélé sur ses tout derniers cas et qui me remplit le cœur de joie, me bouleversant et m'apaisant comme rien d'autre au monde. Seule Françoise a le don de me donner le sentiment qu'à cet instant précis je ne perds pas mon temps, que nous avançons ensemble, elle en elle-même, moi en moi-même, vers un but commun qui est l'« humanisation » de tous.*

*A un moment, elle m'a dit : « Écoute, c'est bête, mais j'ai besoin du bassin, il faut que tu appelles Monique.*

*– Françoise, ça n'est pas bête, c'est la vie ! »*

*Tant qu'elle avait des besoins, elle vivait.*

*Pendant que Monique s'occupait d'elle, j'ai un peu erré dans l'appartement pour, comme elle me l'avait enjoint, tenter de retrouver, dans sa bibliothèque,* La Maison de Jade, *car elle en avait parlé à Monique et voulait qu'elle le lise. Je n'y suis pas parvenue, mais mon regard s'emplissait de tous ces objets, bibelots, meubles qui font partie de ce qui est le plus cher à mon cœur, comme le cadre des maisons de mon enfance.*

*Ma nouvelle enfance, ma nouvelle naissance, la naissance de cet amour, du plus grand amour de ma vie, qui continue de survivre dans mon cœur, ont eu lieu là, dans cet appartement où je ne reviendrai jamais du jour où Françoise n'y sera plus.*

*« Tu es un génie », lui ai-je dit autrefois, et elle m'a répondu : « Ne dis pas ça, c'est comme si tu me rejetais! Comme si tu m'éloignais de toi... »*

*Je ne le lui ai plus jamais dit.*

*Pourtant, je pense que cette femme saluée par Lacan, autrement peu reconnue par ses pairs, adorée toutefois du grand public qui en fait l'un de ses guides, est l'un des grands génies de notre époque. Celle qui avance le plus loin dans l'essentiel : la communication des humains entre eux et avec eux-mêmes. Trajet qui permet la « réparation » des êtres meurtris, blessés, mutilés, malades, mourants, parfois agonisants.*

*Sans doute parce qu'elle n'a eu de cesse de rejeter la théorie, l'intellectualisme, pour arriver devant l'inconnu, ainsi qu'elle me l'a encore répété ce jour-là, « comme si on ne savait rien » ! Elle avait plus de quarante ans de clinique derrière elle et ses « réflexes » était ceux d'un prati-*

*cien consommé. Praticien de l'être, ce dont presque personne n'ose se prévaloir. Sommet de l'accomplissement : la connaissance de l'autre, de son fonctionnement intime, muet, secret.*

*Elle lit parfois, chez un enfant et dans sa famille, « à livre ouvert ». Mais ce n'est pas qu'une intuition, c'est une science en relation avec un savoir, des concepts, des observations, une expérience.*

*Reste que dans la science humaine, même si elle est répétitive, l'expérience est chaque fois absolument singulière. Elle me l'a encore dit : « Ont-ils bien compris? Il ne s'agit pas de reprendre mes mots devant un cas, mais de trouver en soi les mots qui conviennent à ce cas... D'écouter, de s'écouter! »*

*Dans la disponibilité absolue de son être à celui de l'autre et aussi au sien propre.*

*Cette disponibilité est beaucoup plus que de l'amour. L'amour, je ne le sais que trop, est possessif, jaloux, réducteur. Être disponible à l'autre pour le soigner, le guérir, c'est bien plus que l'aimer, puisque c'est le laisser vous utiliser, puis tourner les talons et vous oublier... Qui supporte de se donner entièrement sans rien recevoir en échange, que la joie de deviner que l'autre va aller mieux... peut-être?*

*Que de fois ai-je entendu Françoise me dire : « Ce petit-là, je n'ai plus eu de ses nouvelles, j'aimerais pourtant bien savoir s'il s'en est tiré... » Et quand elle en avait et qu'elles étaient bonnes, son visage alors rayonnait.*

*Hier aussi, après m'avoir narré le cas récent d'un petit enfant qu'elle vient juste de traiter et de sauver, sans doute son dernier « cas », fils d'alcooliques qui avait déjà « de l'alcool dans le ventre », elle m'a dit, tout heureuse :*

*« Tu vois, tout peut se réparer avec des mots, tout peut reprendre et revivre... »*

*Sa découverte capitale. D'où sa joie qui devenait, grâce à elle, la mienne.*

*Oui, tout peut se reprendre, se rattraper, guérir, et qui peut entendre cette parole d'espérance sans être empli de joie comme, il y a deux mille ans, ceux qui entendirent le Christ dire pour la première fois dans l'histoire des hommes : « Vos péchés vous seront remis », puis faire état de la Vie éternelle?*

*Françoise ne parle pas de sa mort; en même temps, elle ne parle que de ça.*

*« La seule chose qui me tracasse, me dit-elle, c'est de ne pas être certaine d'avoir suffisamment formé les gens. »*

*Puis : « Si, tout de même, je crois que j'y suis parvenue... »*

*Elle n'a que cette crainte : qu'on ne puisse pas continuer, sans elle, à soulager l'immense souffrance des enfants mal-entendus, mal-compris, mal-aimés, qui risquent alors de devenir des déchets, des dangers pour eux-mêmes et les autres.*

*Pour ce qui est d'elle, elle se sent sereine, car elle vit désormais perpétuellement dans l'amour, la* Caritas. *Elle me l'a redit avec l'étonnement de ceux qui sont entrés dans la grâce sans l'avoir cherché, sans même s'en être aperçu.*

*En même temps qu'elle aime « tous les hommes », elle est aussi capable d'attachements individuels, et sans doute est-ce pour cela qu'elle ne parle pas trop de sa mort, pour ne pas nous attrister, nous blesser, nous désespérer du fait que nous allons, elle le devine, terriblement souffrir de son absence.*

*Je me suis levée pour partir, non que j'en eusse envie, mais parce que je sentais sa voix faiblir, et je lui ai dit : « Je veux que tu le saches : tu es la seule amie de cœur que j'aie jamais eue. »*

*Je n'ai pas ajouté, bien que je le pense : « Et que j'aurai jamais... »*

*Elle m'a dit : « Cela me fait plaisir, tu me fais plaisir. »*

*J'étais dans une situation extrême, quand la plus forte douleur se transmue en joie spirituelle, sans l'ombre d'un « jeu », d'une esquive ou d'un malentendu. Il n'y a qu'avec elle qu'il peut en être ainsi. (Les autres, pour la plupart, même les meilleurs, se masquent, trichent un peu pour paraître mieux qu'ils ne se sentent. Pas elle. Elle n'hésite pas, quand elle croit en ressentir, à avouer ses limites et ses faiblesses : « Là, tu vois, je ne sais pas. »)*

*Elle m'a dit aussi : « Je ne te quitte pas. Je ne te quitterai pas. »*

*Je lui ai répondu : « Je le sais, moi non plus. »*

*Elle était pâle, mais elle n'avait pas particulièrement mauvaise mine, le visage un peu gonflé, si lisse. Ce qui donnait le sentiment de son extrême maladie, c'étaient les paupières cyanosées. C'étaient les « oreillettes » de son cœur qui ne fonctionnaient plus, m'a-t-elle expliqué, elle qui s'était tant servie et de son cœur et de ses oreilles !*

*Elle bougeait sa main de temps à autre, la droite, pour remettre en place le tuyau à oxygène, s'assurer de sa présence. Son « vent », comme lui a dit un enfant : « Donne-moi ton vent ! » Il voulait respirer l'air qu'elle respirait avant de la quitter... Il voulait qu'elle lui donne son « souffle », en somme, qu'elle le baptise, le fasse renaître, et elle l'a fait. « Je le voyais pour la dernière fois », a-t-elle ajouté en me racontant l'histoire.*

*« Si je suis encore là lundi... », m'a-t-elle soufflé à un moment donné. Puis, comme en contradiction : « Dès que tu auras une cassette-vidéo de ton film, pense à moi...*

*– C'est la première chose à laquelle j'ai pensé après l'avoir visionné, lui ai-je répondu : à te le montrer. »*

*Dans cet appartement, lieu de vie et de bonheur où le soleil de midi entrait, où des jeunes femmes à la fois désolées et gaies allaient et venaient, j'étais bien. A ma place.*

*Monique m'a dit et j'ai senti que son intérêt pour ce roman venait de ce que lui en avait communiqué Françoise :*

*« Françoise a voulu me raconter* La Maison de Jade, *mais elle n'y est pas parvenue, ça la fatiguait trop. De quoi s'agit-il au juste?*

*– Tenez, Monique, tout a commencé là ». Et je lui ai alors montré l'endroit exact, à trois mètres de nous, où j'ai aperçu L... pour la première fois, lui assis sur une chaise, moi debout. « Cet amour, cette passion que j'ai eue pour un homme plus jeune que moi qui, de son côté, connaissait aussi Françoise... »*

*Monique m'a regardée, sans voix. L'ineffable est passé.*

*Je suis partie. Il faisait beau dehors. Ma voiture était garée rue des Feuillantines : est-ce à cause de cette rue qui jouxte presque sa maison que Françoise m'a parlé d'une « saison de feuilles », expression qui est devenue le titre d'un de mes romans?*

*J'avançais lentement, il n'y avait plus d'urgence, l'éternité était autour de moi. Je me sentais dedans, grâce à elle qui m'avait convaincue de la réalité de ce que – avant de la connaître – je ressentais parfois dans mon cœur, mais qui, jusque-là, n'avait rencontré nul écho dans ce monde. Ni les mots pour le formuler.*

*Au point que j'en étais désespérée.*

*Maintenant c'est fait, ma vie en est justifiée. Je n'ai plus, pour le temps qui me reste, qu'à continuer son travail par le mien, fût-il infiniment plus modeste. A redire à ma manière ce que nous savons, elle et moi, elle plus que moi, moi à travers elle et autrement qu'elle... Que l'aventure spirituelle, celle du Christ et des Apôtres, peut se reproduire aujourd'hui comme au temps de Jésus, lequel vivait, prêchait parmi les hommes de son époque en suivant leurs coutumes, en utilisant leurs mots de tous les jours, dans la présence de la mort, le miracle de la rencontre et dans la grâce. Toute souffrance acceptée, gardée en soi, peu à peu dépassée.*

*J'ai alors posté une lettre pour L... afin qu'il sache où en était Françoise, et aussi le chien Mambo. Une bouteille à la mer... mais la mer est maternelle autant qu'elle est vaste.*

*Elle sait comment ne rien perdre de ce qu'on lui confie.*

Pour la plupart des gens, être écrivain est un don, un privilège, un cadeau du Ciel... Un « plus » dont on enjolive l'ordinaire de son existence.

Cela ne se passe pourtant pas ainsi. On se met à l'écriture (comme parfois à la lecture) parce qu'on est « anormal », et pour s'en sauver. L'écriture agit comme un régulateur. Il n'y a, pour en être convaincu – en tout cas, ébranlé – qu'à examiner les vies d'écrivains : chacune ou presque est un désastre !

C'est que l'écriture ne suffit pas à se supporter : les grands écrivains (ne tenons pas compte des écrivaillons) boivent, se droguent, se suicident, ont des comportements sexuels débridés, se rencognent, deviennent paranoïaques...

On s'en amuse, flatté d'avoir sur eux la supériorité de sa « normalité », et on leur pardonne : puisque ces gens-là sont écrivains, ils ont droit à leurs excès. Cela ne fait qu'une histoire de plus à rajouter à celles qu'ils nous racontent, un roman sur les romans ! Tout bénéfice, en somme, pour l'humanité non écrivante.

Et la douleur, qui prend en compte la douleur ?

Simone de Beauvoir parlait de la « chiennerie française », qu'elle essuya après avoir publié *Le Deuxième Sexe.* Elle n'était pas le premier écrivain femme à s'y frotter : dès qu'une femme prenait la plume, au XIX$^{e}$ siècle et aux précédents, quel tollé !

Meurtrière, l'attaque était insidieuse. On commençait par laisser faire, puis, en douce, on s'en prenait moins à elle qu'à son image, qu'il s'agissait de dégrader. (Tous les régimes totalitaires savent qu'il faut ôter l'étiquette « personne humaine » à ceux que l'on veut abattre avant de les supprimer.) Peu à peu, cette femme vilipendée, ridiculisée – on disait qu'elle n'était « plus une femme », comme si cela lui était possible ! – se retrouvait sans amis, sans mari, si elle en avait eu, sans amants, sans amour. Sans le soutien des autorités morales. Exilée dans sa société, objet de scandale. On ne brûlait plus les sorcières, seulement les « écrivaines ».

« On », c'est-à-dire les hommes, qui connaissent le pouvoir de l'écriture et ne tiennent pas à le partager avec le « deuxième sexe ». Mais aussi les autres femmes.

On peut citer les destins tragiques, en dépit de leur renommée, de nombre d'entre elles, de Louise Labé à Olympe de Gouges ou Louise Michel... Que de larmes, de solitude, d'incompréhension ! Qu'avaient-elles fait, sinon « s'écrire » dans la sincérité de leur désir ?

« On ne sait pas ce que veut une femme ! » La réflexion est attribuée à Freud. Il faut la nuancer : qui a envie de savoir ce que veulent les femmes ?

Souvent, je me suis interrogée sur le destin de mes contemporaines, mes amies femmes de lettres. Toutes ont leurs peines, leurs douleurs, leurs exils plus ou moins secrets. Que chacun songe aux écrivains femmes de sa connaissance : combien se sont réfugiées dans l'homosexualité ? la drogue ? l'alcoolisme ? le suicide ?

Si l'on me dit : « Pourquoi pas vous ? », je réponds : « Tous les éléments de mon désespoir étaient réunis. J'ai préféré la psychanalyse... »

A chacun son courage ou sa lâcheté : recourir à la psychanalyse, c'est « se faire aider », comme disait Françoise Dolto qui avait eu sa part de coups et de dédain, et savait la diagnostiquer chez les autres.

Que l'on ne s'imagine pas que, pour moi, c'est

gagné : je reçois de temps à autre des lettres de protestation à la limite de l'insulte. On cherche ce qu'on peut me reprocher et on trouve : je me suis trompée sur un mot, une date, un détail. (Souvent les récriminations sont elles-mêmes fautives, ce qui me détend...) On n'ose me dire ouvertement, mais c'est implicite : « Pourquoi écrivez-vous ? Les femmes *bien* n'écrivent pas ; en tout cas, pas ce que vous écrivez. Elles ne parlent ni d'elles-mêmes, ni des hommes, ni du sexe... »

Les femmes « bien » aux yeux de qui ?

Je raconte ces piètres choses pour que celles qui se lancent dans l'écriture dans l'espoir d'être aimées sachent qu'elles récolteront plutôt tout le contraire.

« Vous écrivez pour être aimée ! » m'a répété mon analyste.

J'ai commencé par me débattre : « Mais non, ce n'est pas pour ça, c'est pour...

– Pour quoi ?

– Eh bien oui, vous avez raison, pour être aimée !

– Alors, vous êtes en contradiction avec vous-même. Vous m'avez dit qu'il y a toujours un malentendu sur l'écriture, que les gens comprennent autre chose que ce que l'on dit, ou plutôt qu'ils se projettent : ce n'est pas vous qu'ils vont chercher dans vos livres, c'est eux-mêmes... Où est l'amour qu'on vous porte, là-dedans ?

– C'est vrai, c'est une illusion. »

Vous qui écrivez en rêvant d'être publiées, sachez que vous ne serez pas aimées pour autant. L'écriture n'attire pas l'amour, même si l'amour aide à écrire. Le sien, l'amour qu'on porte aux êtres et aux choses. Quand il est déçu, cela fait des livres amers, mais qui restent amoureux.

Si on m'insulte, je sais que c'est aussi de l'amour déçu : on m'aimerait tellement, croit-on, si j'étais non écrivante ! Muette ! A mes fourneaux...

Mais j'y suis, à mes fourneaux ! Ce sont ceux de l'écriture. Le travail de la maison, il y a des machines – inventées par les hommes, merci à eux – pour s'en occuper à notre place.

Que veut une femme ? Être aimée.

Pas pour sa cuisine ni son écriture : pour elle-même.

Écrire, oui, mais écrire quoi ?

Les surréalistes ont simplifié la question : « Écrivez ce qui vous vient à l'esprit, sans suite, par associations d'idées, comme les mots vous arrivent... Que cela fasse ou non des phrases... »

Pour André Breton, pape du surréalisme – qui eut, entre autres mérites, celui d'introduire Freud et la psychanalyse en France –, la libre association permet aux trésors contenus dans l'inconscient de venir au jour.

Certaines des fusées verbales de Breton et de ses amis sont surprenantes, parfois sublimes. On éprouve cette même sidération à la lecture de phrases tracées par des schizophrènes. Mais on ne s'y attarde qu'un moment : ces associations libres sont comme les rêves, elles n'amusent finalement que leurs auteurs. Les autres ont tôt fait de s'ennuyer à l'égrènement de propositions sans suite et sans but : qu'est-ce qu'on est en train de me communiquer là ?

Rien, répond le surréaliste, je n'ai pas du tout l'intention de conditionner votre esprit par mes écrits, je vous laisse libre d'y voir ce que vous voulez. Je vous propose mon texte pour que vous en fassiez vous-même votre œuvre...

En tant que lectrice, je cherche exactement le contraire ! J'aime qu'on me prenne par la main, qu'on m'emmène vers un but que l'auteur est seul à connaître et que je ne découvrirai qu'au fil des pages.

Qui n'a dit ou entendu dire : « Je ne peux pas lâcher ce livre, j'ai envie d'en connaître la fin ! »

Qu'est-ce que la fin ? La découverte du coupable et la réhabilitation des innocents dans un roman policier, mais dans un autre genre de littérature ? Dans *L'Idiot, Madame Bovary, Bonjour tristesse* ?

Donner une définition de ce qu'est ou peut être la « fin » d'un roman est impossible : il y en a autant que d'écrivains. Il y a des fins imprévisibles ; d'autres, au contraire, se pressentent dès la première page. Certaines fins constituent de bonnes ou de mauvaises surprises, d'autres vous laissent sur votre faim. « Ça se termine en queue de poisson », disait mon père qui lisait peu mais regardait beaucoup les films télévisés. Pour éviter de faire gnangnan – croient-ils –, beaucoup d'auteurs d'aujourd'hui laissent leurs personnages en plan... Au lecteur de conclure ! Nous sommes déçus, frustrés, floués.

La raison de notre irritation face à ce « lâchage » tient à ce que nous désirons par-dessus tout que le monde ait un sens. Alors notre existence est justifiée, notre action aussi, cela vaut la peine de vivre et de mourir. Éventuellement de se conduire « bien », d'aimer dans la norme et la fidélité.

Qui donne un sens au monde depuis que les religions et les idéologies – du moins dans nos sociétés et pour la majorité – ne sont plus considérées comme infaillibles, et leurs préceptes comme les tables de la loi ?

Les écrivains !

Écrivez pour « donner un sens », et vous serez lus. Peu importe d'ailleurs le sens. Il y a des écrivains et des romans qui nous décrivent un monde abominable. Chez Sade, la vertu est toujours punie, le vice récompensé. Ce « moraliste » – c'en est un – déclare ainsi qu'il y a un « bon » et un « mauvais » comportement, mais que c'est ce dernier qui triomphe. Vous pouvez vous scandaliser ou adopter son point de vue, au moins le monde a-t-il un sens.

Il en a un chez tous les écrivains populaires, de Balzac à Zola, de Sartre à Marguerite Duras, plus ou moins subtil, plus ou moins désespéré ou porteur d'espérance, mais toujours à fleur de page.

« Que dit tel écrivain ? » est une question courante entre lecteurs ou chez le libraire. Les gens avertis répondent : « L'écrivain se contente de montrer ce qu'il voit, les grands auteurs n'imposent pas de message... »

Bien sûr que si !

« *Il n'y a pas de littérature pure,* m'a dit Sartre. *Si chaque phrase écrite ne résonne pas à tous les niveaux de l'homme et de la société, elle ne signifie rien.* »

Mais le message peut être diffus, énigmatique et consister à dire, comme chez Camus, autre moraliste : ce monde est absurde. Déclarer que le monde est absurde est encore une façon de dire que nous en souhaitons un autre auquel nous avons à donner un sens.

Quand on est un écrivain deu dimanche, on n'a pas la prétention de donner un nouveau sens au monde. N'empêche que tout ce qu'on écrit ou décrit doit avoir un sens. Et en a un.

J'ai lu l'autre jour quelques pages d'une amie, intitulées *Mémoires d'Asticot*, qu'elle m'avait confiées avec timidité en me disant : « Cela n'a aucun sens. »

Son texte à peine lu, je l'appelle : « Votre mère ne devait pas faire la différence entre le caca et les enfants !

– C'est exactement ça ! me répond-elle. Elle m'obligeait, toute petite, à lui « raconter » mon caca... Mais comment savez-vous cela, je ne l'ai pas écrit ?

– Je l'ai lu ! Ce n'est pas dit en toutes lettres, mais cela m'a sauté à l'esprit... »

Voilà qui complique notre approche de l'écriture. Mon amie avait vraiment voulu se mettre dans la peau d'un asticot et raconter la vie vue par lui. En fait, sans s'en apercevoir, elle avait parlé de son constant souci : ses rapports avec sa mère...

C'est qu'Annick n'est pas encore un écrivain et qu'elle ne sait pas écrire « surdéterminé ».

Écrire « surdéterminé », c'est, tout en racontant quelque chose, ne pas perdre de vue, dans un coin de sa tête, qu'on parle aussi d'*autre chose*. Et laisser faire.

Quand Somerset Maugham décrit la vie de deux Anglais dans la touffeur du Sud-Est asiatique, avec les moustiques, la jungle, la beauté moite de la jeune femme, il sait qu'il est en train de faire le procès de la colonisation britannique. Même s'il ne le dit ni à un moment ni à un autre, et paraît ne conter que le destin d'Anglais le plus souvent éthyliques au milieu d'une foule d'indigènes à leur service. Lesquels, en filigrane, se préparent à les ficher à la porte de leur Empire.

Le plus grand des écrivains – c'est l'infinie beauté de l'acte d'écrire – n'est pas averti de toutes les implications de ses textes. Il ne voit pas qu'il vise son gibier avec un fusil coudé !

C'est le public qui va le lui apprendre. La postérité, plus tard, ne cessera de trouver d'autres sens à son texte.

Pour moi, quand je sors un livre, je ne sais pas ce qu'il y a dedans. Dès la première lecture, quelqu'un vient m'en informer. Je commence par me dire, surtout si son interprétation me surprend : « Bon, c'est son idée (à elle ou à lui), voyons ce que vont trouver les autres... » Mais les lectures ont beau se multiplier, on me redit à peu près la même chose. Souvent, il s'agit d'un autre sujet que celui que j'ai cru traiter. Je garde mes considérations pour moi et laisse la « légende » se faire. Même si elle me déplaît. Un enfant, une fois sorti de vous, n'aura ni le métier ni le destin que vous lui aviez prévus.

Pour les livres, c'est encore plus flagrant : ils échappent à l'auteur comme à l'éditeur. Si nous pouvions faire ce que nous voulions, nous n'aurions que des enfants de génie et ne publierions que des succès...

[illegible]

[illegible]

[illegible] pour les femmes, c'est encore plus [illegible]

[illegible]

Vient-on me voir avec ses écrits ? Je dévide mon petit couplet : « Je ne suis pas éditeur, je ne suis pas bon juge des textes d'autrui... Et je n'ai pas le temps, j'écris mes propres livres, c'est si long... » Rien n'y fait, on a confiance en moi, me dit-on, plus que dans les éditeurs !

Je passe alors à la vitesse supérieure : « De quoi croyez-vous que vivent les éditeurs ? Mais de vous, écrivains. S'il n'y avait pas de manuscrits, ils n'auraient qu'à fermer boutique... Contrairement à ce que vous pensez, ils vous attendent ! »

Peut-être, me répond-on, mais les éditeurs n'aiment que les écrivains qui ont fait leurs preuves !

Il est vrai qu'une maison d'édition n'arriverait pas à se maintenir à flots sans les écrivains déjà lancés – j'ai envie de dire, qu'on me pardonne, les « chevaux de retour »...

Mais le public se renouvelle, il est composé de

tout jeunes, et s'il n'y avait pas de nouveaux manuscrits, écrits par de nouveaux auteurs, allant au devant d'un public en évolution, l'avenir de l'édition ne serait pas assuré.

Je ne parviens pas à convaincre !

Faut-il répéter le réglement ? *Article 1* : tout manuscrit envoyé à une maison d'édition sera lu. *Article 2* : le manuscrit ne sera peut-être pas retourné (gardez-en un double), car ce service finirait par coûter trop cher. Mais une lettre, rédigée par le directeur littéraire ou un lecteur appointé, vous dira si on le retient – peut-être pour une seconde lecture – ou si on ne le garde pas. Parfois avec arguments à l'appui. Spécieux, je veux bien : on ne va pas lancer tout de go à la figure d'une personne qui vous soumet son ouvrage qu'il est nul. Ce serait contraire à la bienséance et ne dissuaderait d'ailleurs aucunement l'impétrant de penser que ses juges sont au-dessus de tout.

« Ils ne m'ont pas dit la vérité, ils ne me disent pas franchement qu'ils trouvent que c'est mauvais, et pourtant ils le refusent ! » s'exclame l'auteur exaspéré.

Puisque vous voulez être écrivain, apprenez à lire entre les lignes !

Et puis, essayez ailleurs !

Les éditeurs – nombreux et divers – sont des commerçants, non des associations philanthropiques. Seuls quelques éditeurs d'art ou de sciences humaines bénéficient de subventions. Les autres doivent faire leurs frais, comme votre boulanger, en prenant souvent plus de risques. Un livre, répète Jérôme Lindon, n'est pas un produit de première nécessité, on peut s'en passer.

L'éditeur ne va pas publier un livre juste pour faire plaisir à son auteur, il faut qu'il se sente la capacité de le défendre face au public et à la presse, et un éditeur donné sait fort bien ce que sa clientèle va chercher sous sa marque. Chacun a sa « griffe », comme un couturier : ce qui se vendra chez Bernard Fixot risque de faire un *flop* chez Gallimard, et vice versa...

Mon vis-à-vis ne m'écoute toujours pas, et, après avoir répété dix fois, cent fois ce petit discours à des personnes différentes, j'ai fini par entrevoir que ce qui est en jeu, ce n'est pas le manuscrit, mais la personne même de son auteur !

Cet homme ou cette femme ne cherche pas tant à être publié qu'à se faire dire par quelqu'un qu'il estime que ce qu'il a écrit a des qualités rares, révèle une sensibilité, une âme, une façon de voir le monde exceptionnelles, uniques.

Son écrit, c'est lui !

La personne que vous avez devant vous veut se faire reconnaître en tant qu'être humain. C'est tout ce qui lui importe !

Si je dis à quelqu'un : « Votre livre ne vaut pas grand-chose, mais vous, vous êtes formidable ! », c'est comme si je lui avais dit : « Je vous aime tel que vous êtes » – il part content. Encouragé dans ce que Françoise Dolto appelait son *allant-devenant* : terme parlant, qui signifie son mouvement vers l'avenir, sa progression en lui-même.

On prétend que si Adolf Hitler n'avait pas été rejeté par les professeurs de l'académie de Vienne, il ne serait pas devenu führer, mais peintre. Un peintre quelconque plutôt qu'un génie du mal...

Encourageons ceux qui viennent à nous avec leurs écrits à continuer d'écrire. Que d'avanies épargnées à l'humanité !

Un petit garçon est assis sur la plage avec sa Maman. J'entends leur dialogue. La mère répond avec entrain aux mots de son fils. Tout à coup, le garçonnet pointe son doigt vers une dame et s'exclame : « Elle a un maillot de bain *de singe* ! »

La Maman, cette fois, éclate de rire : « Mais où vas-tu chercher tout ça ? »

L'image a surgi de ce qu'il voit : une grosse dame « singe » dans un maillot bariolé – mais aussi nous tous, vautrés sur le sable, à moitié nus, tels les pensionnaires d'un zoo. Le génie de l'enfant lui a permis de cerner la scène d'un seul trait.

En classe, on lui aurait expliqué que ce n'est pas poli de parler ainsi. Libéré d'une éducation nécessaire, cet enfant sera peut-être écrivain. Retrouvera-t-on une « dame singe » sous sa plume ?

Nous portons en nous tout un peuple de personnages. La trace de toutes les générations qui nous ont précédé, mais aussi l'impression que nous ont faite tous les êtres rencontrés depuis notre première heure... A peine approchés, ceux-ci nous habitent sous des traits merveilleux, féroces, sadiques, meurtriers, misérables, magnifiques... Il suffit de lever la barrière pour qu'ils envahissent le champ de notre conscience. Attention : il ne faut pas les laisser galoper à leur aise, mais les cantonner à leur place, la seule qui convienne aux fantômes : dans nos romans.

Mes personnages existaient en moi bien avant que je ne me mette à écrire. Toutefois, au moment de les faire entrer en scène, je dois leur donner un visage et un nom. Pour le nom, je m'imprègne du « sentiment » que me procure cet être fictif et un prénom me vient aussitôt à l'esprit, bientôt suivi d'un patronyme. Ainsi faisions-nous autrefois pour baptiser nos poupées.

Quand le prénom de « Bernard » s'est imposé pour le héros de *La Maison de Jade*, je connaissais beaucoup de Bernard, cela risquait d'entraîner des confusions. J'ai cherché autre chose : Alain, Roland, Dominique... Rien ne convenait; cet être-là, vrai et faux à la fois, vestige d'une aventure qui m'était advenue et de ma perpétuelle navigation avec l'« homme », ne pouvait que s'appeler Bernard.

L'un des personnages secondaires de *Suzanne et la Province*, une épouse antipathique d'être trop jalouse, m'est apparu sous le nom de Chantal. Or je connaissais de charmantes Chantal; j'ai donc fini par m'arrêter sur Annie. Le changement accompli par le typographe – le livre était déjà à la composition –, j'ai découvert dans mon entourage d'aimables personnes s'appelant Annie... Trop tard!

Pour les traits physiques et les façons de parler, cela se fait là aussi comme si le personnage sortait d'une brume et que sa figure se précisait d'elle-même au fur et à mesure qu'il s'installe dans le livre. Quelques lignes, un chapitre, puis c'est la marionnette qui détermine, parfois contre le gré de l'auteur, ce qu'elle va faire et dire.

On l'a créée et elle nous dicte sa loi.

[illegible]

donc [illegible] arrivées [illegible]

[illegible]

[illegible]

[illegible]

[illegible]

Quand on me demande : « Combien de temps vous faut-il pour écrire un livre ? », je réponds : « Rappelez-vous ce que disait Braque : “ Pour peindre un tableau, je mets une demi-heure, plus toute une vie... ” Écrire un roman me prend quelques semaines, plus toute ma vie. »

Ma vie passée et aussi ma vie future ! On n'écrirait pas si l'on ne se sentait aucun avenir. C'est l'une des raisons qui rend certains écrivains âgés moins prolifiques : ils ne voient plus où projeter les vrilles de leur vigne.

Dans le *Fanal Bleu*, Colette, réduite à une existence grabataire, décrit à quoi se résume son univers : quelques bibelots, un rai de lumière, une fleur, un fruit, une lampe voilée, la brève caresse d'une main aimée.. Cela lui suffit pour quelques notations admirables, pas pour un roman.

Le temps manque plus encore que l'espace, avec lequel on peut trouver des accommodements. Giono, dès qu'il lui fut impossible de parcourir à pied ses sentiers de Haute-Provence, m'a raconté comment il continuait de marcher dans sa tête. A partir de cartes d'état-major étalées sur sa table, il établissait des itinéraires, se représentait la vue, les sensations éprouvées, et finissait par les écrire. Des années de déambulations avaient saturé sa mémoire de détails.

Je connais le phénomène : je peux me représenter la maison de mon enfance jusqu'à l'écaillure d'un moellon, le bruit d'un pas sur une certaine marche, l'odeur de la chambre au nord. Inutile de fermer les yeux, je projette à volonté ma maison sur cet écran intérieur que nous possédons tous, et tout m'est à nouveau présent. Plus vivement que dans la réalité.

Ici ou là, j'ai enregistré beaucoup plus de choses que je ne m'en étais aperçue sur l'instant. Les souvenirs restent tapis dans la mémoire inconsciente, jusqu'à ce qu'on fasse appel à eux. Moins on les passe en revue, plus vifs ils demeurent.

Lorsqu'un souvenir enfoui depuis longtemps revient en séance, il est parfois si percutant que l'analysant pleure, crie, se lamente ou s'exclame de plaisir, comme si la scène était actuelle. On dirait qu'elle le frappe avec encore plus d'intensité qu'au moment où elle a eu lieu !

Un fois réapparu, le souvenir se décompose, s'effrite, comme ces momies qu'on met au jour.

Autre époque de la mémoire : le souvenir

resurgi est mis en mots, parlé en analyse, écrit si l'on est à un livre.

Ces mots me font penser à l'eau calcaire des fontaines pétrifiantes qui, gouttant sur ce qu'on leur présente, confère à tout un aspect uniforme et éternel.

Un morceau de notre vie est ainsi conservé à jamais dans le langage écrit. Au bénéfice du lecteur, mais qu'en est-il de celui de l'auteur ?

*A la Recherche du temps perdu* a figé la vie de Marcel Proust et nous lui sommes infiniment reconnaissants de ce don qu'il nous en a fait. Mais sa vie vécue n'est-elle pas encore plus perdue d'avoir été raflée par les mots ?

Je me dessaisis à mesure de ce que je mets de moi dans mes romans.

Évelyne Bouix me parle de *Suzanne et la Province* : « Cette femme, cet homme, la façon dont ils se rencontrent, s'aiment et se perdent, j'adore ! » Je lui réponds : « Cela me fait plaisir de te l'entendre dire. »

Mais une mélancolie s'empare de moi : cette femme, si c'était moi ? Cet homme, si c'était lui ? Où en serions-nous de notre amour, maintenant, que c'est écrit, figé, pétrifié ?

L'écriture conserve le souvenir.

Tue le vécu.

L'on n'écrit pas, même des sornettes, sans se référer à quelque grand modèle – un style, une façon d'être, une figure à l'horizon, l'objet-livre lui-même.

Mes « saints » n'ont guère varié : tous ont placé l'art d'écrire plus haut que leur vie. Tous ont rêvé de changer le monde par leur plume.

Quelques-uns l'ont fait. Des personnalités si fortes qu'elles nous influencent encore à travers le temps. Quel réconfort d'entendre quelqu'un s'exclamer à la fin du XX^e^ siècle, l'air pâmé : « Ah Céline ! » Ou : « Rien ne vaut Flaubert ! » Ou : « Pour moi, il n'y a que Proust ! »

Les associations qui s'occupent de la mémoire de Montaigne, Baudelaire, Lautréamont, Rimbaud, Maupassant, Queneau, bien d'autres, sont d'ailleurs toujours actives, publient des inédits, recrutent, commémorent. Nous sommes une société où l'indidualisme est une valeur prisée. Chez nous, quiconque combat pour ses idées, fussent-elles excessives, prophétiques, finit par avoir un nom, parfois une rue. Plus encore s'il a été vilipendé de son vivant.

Rien ne m'émouvait, enfant, comme ces destins où des individus ont longtemps raison seuls contre tous. Je me réjouissais s'ils en récoltaient le bénéfice de leur vivant. Toutefois, qu'on les eût dédaignés jusqu'à leur mort ne me déplaisait pas non plus : je me croyais seule à les aimer !

J'eus même le soupçon, à une certaine époque, de préférer la vie à l'œuvre, quand elle était bien tragique. Van Gogh, Rimbaud, Maupassant représentaient pour moi les vrais aventuriers : ceux de l'esprit.

C'est aussi qu'il est plus facile de prendre la mesure d'une vie que d'une œuvre. On cerne plus aisément la trajectoire personnelle d'André Breton que le surréalisme, on admire l'itinéraire de Freud, mais sait-on bien ce qu'est la psychanalyse ?

L'œuvre des écrivains de génie finit pourtant par s'imposer, ne serait-ce que par un seul livre : ainsi *Maldoror* pour Lautréamont.

Voilà qui devrait insuffler courage à ceux qui se jugent méconnus des éditeurs, oubliés du succès : la postérité leur sera peut-être équitable si les contemporains ne le sont pas...

Les enfants que nous sommes restés dans notre cœur ont raison : les bons sont faits pour triompher des vilains. Même Soljénitsyne est en passe de regagner sa patrie.

Inutile de chercher à protester lorsqu'on me dit : « Pour votre dernier roman, vous avez pensé à Unetelle, on la reconnaît trait pour trait ! »

Cela plaît aux lecteurs de pouvoir mettre des noms et un visage sur une fiction. Ils apaisent certains de leurs conflits en projetant quelqu'une de leurs connaissances dans l'un des personnages. S'ils ne l'aiment pas, ils jouent à y enfoncer des épingles, comme font les sorciers dans leurs poupées de chiffon ; plus l'intrigue tourne mal, plus ils sont satisfaits.

En revanche, s'ils ont de l'affection pour la personne vraie, ils vont pleurer tout leur soûl sur ses malheurs. Qui n'a sangloté, enfant, à la lecture de *Sans Famille* ? L'orphelin, c'était nous qui craignions si fort – ou souhaitions secrètement – nous retrouver sans nos parents. Les larmes taries, on referme le roman, ça n'était pas pour de vrai !

L'auteur ne peut rien changer à ce « trafic ».

On introduit sous mes personnages des gens qui ne leur ressemblent nullement : un brun pour un blond, une vieille pour une jeune... La lecture est création – « Qui lit récrit », dit Sartre – et un livre appartient à ses lecteurs.

J'ai parfois l'impression de leur tendre une boule d'argile, tant ce qu'ils en font m'étonne.

« Merci, m'écrit une jeune femme, vous avez sauvé la vie de mon fils ! »

Suit l'explication. Son bébé dormait à l'étage, quand elle décide de relire *Le Retour du bonheur*, laissé dans la chambre de l'enfant. Elle y va : le bébé était en train de s'étouffer dans ses vomissements.

« Sans vous, me dit-elle, je n'y serais pas allée et je ne sais pas s'il s'en serait tiré. Merci. »

Nicole aussi me remercie : « Il y a eu dans ma vie cette période sombre et douloureuse où la question du suicide se posait au rythme de la respiration. C'est à cette époque que j'ai lu votre livre, *Le Retour du bonheur*. J'ai lu toute une nuit et, à cinq heures du matin, j'ai eu très envie de vous remercier. Un livre qui sait rattacher à la vie celui ou celle qui le lit, c'est rare. »

Si Françoise Dolto était encore là, je lui demanderais ce qu'elle pense de ce courrier. Mais je sais à peu près ce qu'elle me répondrait : « Ces femmes avaient besoin d'aide. Elles ont su se la procurer au bon moment, ce qui prouve qu'elles avaient vraiment le désir de s'en sortir, d'échapper au malheur. Tes livres leur ont servi de points d'appui, c'est bien. Sinon, elles auraient trouvé autre chose. C'est gentil à elles de te remercier : tu n'y es pour rien! »

Et moi, si je n'avais pas eu Françoise Dolto quand j'avais désespérément besoin d'aide, m'en serais-je procurée ailleurs ?

« Sûrement, m'aurait-elle répondu. Parce que tu désirais vivre. »

Je préfère malgré tout m'en être sortie grâce à elle, même si elle n'y est « pour rien »!

« Ce que vous écrivez, c'est exactement ce que je ressens !... » Quand un écrivain s'entend complimenter de la sorte, le trouble s'établit dans son esprit. Doit-il se réjouir ou se dire qu'il manque d'imagination ? Son lecteur veut-il insinuer qu'il n'est pas capable d'inventer ?

Pour ce qui est de la sensibilité, on n'est pas forcément ravi ni flatté que la personne plantée devant soi se targue d'avoir la même !

Ces compliments, fréquents, qui me réduisent à un commun dénominateur, on ne les faisait probablement pas à Raymond Roussel ou à Georges Bataille. Ni même à Malraux.

Pourtant, toutes proportions gardées, ces grands écrivains se référaient comme moi à une vision particulière de l'existence. Quand je décris un jardin de province, que je l'aie vu, entrevu, souhaité, voulu ou rêvé, ce jardin est à moi, il fait partie de moi !

Il se trouve que je préfère représenter des faits

et des décors qui évoquent au plus près la réalité telle que je la perçois. J'aime, dans mes fictions, faire « vrai ». J'ai d'ailleurs une grande admiration pour les géographes, anthropologues, astrophysiciens, entomogistes, éthologues, chercheurs en sciences humaines qui tentent de décrire les choses telles qu'elles sont tout en n'y parvenant qu'approximativement : chaque génération, disposant d'éléments d'approche plus performants, voit mieux, donc différemment.

Mes contemporains, possédant les mêmes outils perceptifs et intellectuels que moi, ont tendance à reconnaître comme familier ce que je décris. « N'oubliez pas qu'un homme, c'est toute l'époque », me disait Sartre. D'où l'appropriation par la lecture.

Pourtant, le consensus est loin d'être universel. Aucun éditeur américain n'a voulu traduire *La Maison de Jade* sous prétexte que cela ne se passe pas comme ça, en Amérique, entre les hommes et les femmes : là-bas, les femmes ne se laissent pas aller à aimer de passion des hommes qui ne le leur rendent pas ! (J'ai reçu une lettre de Jacky Kennedy, devenue éditeur, me disant qu'elle avait apprécié pour son compte mon roman, mais qu'il ne convenait pas du tout – manque de concordance dans les affects – au public américain !)

Certes, nous ne sommes pas la copie conforme les uns des autres, et il m'arrive de révéler des choses qui sont étrangères à mes lecteurs. Mais ils ne me parlent pas de ce qui nous sépare, seulement de nos « points communs ».

Ai-je jamais souhaité être originale ? Depuis longtemps, je m'entends dire, en particulier sur le divan : « Ce que j'aurais voulu vivre, c'est un bon petit lieu commun ! »

J'aurais été satisfaite d'avoir une vie tranquille avec mari, enfants, quelques chiens, un chat, une maison à la campagne, des arbres, et ce qu'il faut d'argent pour entretenir le tout.

Ce bonheur simple est si difficile à atteindre et à préserver qu'il représente, pour la plupart d'entre nous, la plus grande des aventures ! Il est plus facile de grimper en haut de l'Everest ou de semer la révolution en Chine – d'ailleurs, c'est fait – que de réaliser un rêve de femme...

Est-ce pour cela que j'écris des romans : pour me donner ce que je n'ai pas ?

Comme la petite marchande d'allumettes le soir de Noël, je fais flamber mes tisons. A leur brève lueur, j'entrevois la vie de mes rêves...

« Concentre-toi », « Cet enfant n'a aucune concentration », « Il ne sait pas se concentrer », « Il a un fantastique pouvoir de concentration... » Nous avons tous entendu ces paroles appliquées à nous ou à d'autres – elles recouvrent quoi ?

Celui qui ne se concentre pas, ou difficilement, a tendance à s'agiter, à laisser son regard errer de tous côtés... Mais il peut aussi bien avoir l'esprit capté par quelque chose d'inconscient : une angoisse, une peur.

Les analystes savent que lorsqu'un enfant n'a pas l'air d'écouter, regarde ailleurs, tripote un ruban, se gratte, c'est qu'il est totalement attentif.

Nous connaissons, à l'inverse, l'œil fixe, le sourcil froncé de personnes qui paraissent entièrement absorbées par ce qui se dit. Mais allez leur demander de le répéter !

Un animal se concentre d'instinct sur un

bruit, sur ce qui bouge, au point d'en oublier sa propre sécurité. Les chiens se font écraser parce qu'ils ont été captivés par autre chose que la route. « D'habitude, disent les maîtres consternés, il faisait bien attention aux voitures... » Cette fois, il était « ailleurs ».

Cela a failli être mon cas à trois ans : j'ai couru vers mes parents sans voir la voiture qui déboulait. Les enfants sont ainsi : obnubilés par ce qui les attire, oublieux du reste.

En grandissant, on apprend à répartir sa concentration : un peu pour ceci, un peu pour cela... Toutefois, quand on s'astreint à quelque action difficile, il n'y en a plus que pour ce qu'on fait. Le cerveau, dit le professeur Changeux, ne peut véritablement se concentrer sur plus d'une opération à la fois. On s'en aperçoit très bien en conduisant : si vous lisez un panneau, vous perdez – un peu – le contrôle de la voiture.

A cause de cette dépense nerveuse, écrire fatigue. Il faut le reste de la journée pour s'en remettre...

Je me dis parfois que l'épuisement consécutif à l'écriture doit être dû à l'âge : j'ai sans doute moins de ressources qu'avant. Or, l'expérience me prouve quotidiennement le contraire : désormais, je me mobilise sur l'écriture à la demande, alors que j'y parvenais beaucoup plus difficilement autrefois; il me fallait le silence, des bonbons, du café, une cigarette, un câlin, quoi encore ? Et puis, j'écris désormais plus longtemps.

En se libérant de ses névroses, on libère de l'énergie qui revient, faut-il dire à la source ? au point de départ ? au magasin ? Quand on ne l'utilise pas, l'énergie nerveuse se « repose »-t-elle dans la moelle épinière, l'hypothalamus, le plexus... ?

Après l'analyse, en tout cas, le réservoir en contient une plus grande quantité utilisable pendant un temps plus prolongé qu'autrefois.

Un ami écrivain me confie : « Il me faut une organisation zéro défaut ; si la plume crache, si le papier est mauvais, la lumière mal venue, le téléphone incessant, la chaise de travers, eh bien, ça ne marche plus ! »

Pour moi, si quelque chose vient m'interrompre – on sonne à la porte, le chien aboie, l'électricité tombe en panne –, je m'aperçois, dès que l'incident est clos, que les obstacles que je rencontrais juste auparavant sont surmontés !

Je ne suis pas la seule : « Si je me lève pour aller répondre à la porte, me dit quelqu'un, quand je retourne à mon papier, le problème sur lequel je séchais est résolu ! » Peut-être parce que résoudre un problème, c'est ne pas le surestimer, lui faire croire qu'on peut se permettre de le prendre à la légère ?

## OSER ÉCRIRE

Écrire, c'est pour moi comme chantonner. Une activité intime et détachée : on fredonne, on se fait la voix, et puis ça y est, c'est écrit.

Écrire est une façon de charmer la personne qui nous est la plus étrangère : nous.

On dit que le bonheur ne fait pas de la bonne littérature. Je crois qu'il n'en fait pas du tout ! Si l'on se sent compris et aimé, si l'on n'éprouve aucun « sujet de mécontentement », à quoi bon perdre du temps et de l'énergie à écrire ?

Nul n'écrirait s'il ne ressentait un manque (l'absence de l'être aimé, par exemple) qui le pousse à prendre la plume afin de combler le vide par des mots, d'exprimer en paroles ce qui ne va pas.

Lisant pour le prix *Fémina* – près de deux cent cinquante nouveautés par an –, je constate une fois de plus que la plupart des romans s'ouvrent par l'aveu d'une tristesse.

« Déposez une plainte par écrit », conseille le préposé devant qui l'on gémit oralement. Mais si la plupart des manuscrits sont des « plaintes par écrit », il arrive que la personne à laquelle on s'adressait plus qu'à toute autre n'ouvre pas même l'ouvrage... La jeune femme qui a inspiré à Goethe le personnage de Charlotte a-t-elle jamais lu *Les Souffrances du jeune Werther* ?

Pourtant, une transformation a eu lieu : chez l'auteur.

J'écris comme tout le monde à partir de ce qui ne va pas. *On attend les enfants* fut rédigé d'une traite après le séjour annoncé puis trop rapide de ma nièce. Le roman fut un succès. (« C'est tout à fait ce que me font mes propres enfants », me répètent les lectrices.)

L'avoir écrit m'a aidée aussi : maintenant, les enfants peuvent se décommander à la dernière minute, j'ai pris conscience qu'ils en avaient le droit, et que j'avais ma vie à mener en dehors d'eux...

Beaucoup d'écrivains font grise mine quand on les complimente sur l'un de leurs précédents ouvrages... Je vois l'air absent de JJSS quand on lui reparle du *Défi américain.* Celui de Mallet-Joris si on la ramène au *Rempart des Béguines.* Marguerite Duras n'apprécie pas qu'on en revienne sans cesse à *Barrage contre le Pacifique* ou à *Moderato cantabile.* « Alors, m'a-t-elle lancé un jour d'un ton bourru (je la complimentais sur *Le ravissement de Lol V. Stein*), tu n'aimes pas le dernier ? »

Après un succès retentissant, on voit parfois l'auteur se replier sur lui-même. Les jurés des prix littéraires connaissent le phénomène et il nous arrive de nous dire (entre nous!) qu'un Goncourt ou un Fémina fait parfois plus de mal que de bien à son lauréat. Bien sûr, l'auteur a gagné de l'argent, il a pu s'acheter l'appartement ou la résidence secondaire dont il rêvait, mais il traînasse sur le livre suivant. Son éditeur comme le public attendent une copie conforme de ce qu'il vient de publier à grand fracas et qui a tant plu. Il sait qu'il ne le refera pas.

On chuchote : c'est le succès qui lui est monté à la tête!

Non, c'est le livre qui l'a modifié.

J'ai raconté dans *Le Retour du bonheur* comment le changement chez l'analysant – qui est le but de la cure – est souvent fort mal reçu par l'entourage. Certains divorcent, d'autres se brouillent avec leurs proches qui trouvent qu'ils ne sont plus « les mêmes »!

Un ami ne cesse de dire : « Mon fils a été esquinté par sa psychanalyse... » Le fils en question, devenu un grand médecin, réussissant tout ce qu'il fait depuis qu'il a surmonté ses angoisses, n'a pas été « abîmé » par l'analyse : il est moins dépendant de son père.

Ce que ce dernier supporte mal.

En librairie non plus, on n'aime point trop le

changement et on s'en tient à la règle : qui a plu plaira. Beaucoup d'écrivains croient habile de s'imiter eux-mêmes, ou de plagier le succès d'un autre.

Le procédé n'a qu'un temps.

Longtemps je n'ai pu écrire que par morceaux, des feuillets épars que je nommais *Débuts,* ou sous une forme pseudo-poétique qualifiée de *Cris écrits.*

Je ne me satisfaisais guère de ce pointillisme, mais qu'y pouvais-je si je ne tenais pas la longueur ? Face à la page blanche, je constatais que je sprintais puis, épuisée par l'effort, je renonçais à la course de fond, cette reprise inlassable d'un texte jusqu'au moment où l'on tient un « vrai livre ». Bon ou mauvais.

Ce souffle qui me manquait, c'est en analyse qu'il m'est venu. Après m'être allongée deux ou trois ans – ce qui n'est rien ! –, je pus écrire d'une traite, sans même m'en apercevoir, mon premier roman.

Que s'était-il passé ? Les réponses que je me donne me ramènent toutes au même point : il y a un lien incontestable entre le travail de l'analysant et celui de l'écrivain. On creuse le même gisement – avec un outil identique : le langage.

L'objectif n'est pas non plus si différent. On entre en analyse dans un but thérapeutique, mais n'écrit-on pas également « pour aller mieux », se délivrer d'une peine, d'un tourment, d'une interrogation ?

Cette similitude frappe tout un chacun : « Je n'ai pas besoin de faire une psychanalyse, puisque j'écris... » Ou alors : « Au fond, ce que vous avez écrit là vous a servi de psychothérapie. »

– Non !

N'empêche que les deux disciplines naviguent de conserve : ne prétend-on pas que la psychanalyse est moins une science humaine qu'un art ? Quant à la littérature, n'est-elle pas considérée par les analystes, Freud le premier, comme un instrument de recherche souvent plus affûté que celui des psychologues de métier ?

Les grands écrivains ont précédé dans bien des cas la découverte de l'inconscient. Freud, grand lecteur, se référait d'ailleurs à des textes littéraires pour étayer ses théories.

Pour moi, je n'ai jamais cessé de tresser ensemble, au point parfois de les confondre, ce que j'apprenais en analyse et ce que l'écriture me faisait découvrir. Je parlais littérature sur le divan et analyse dans mes romans, utilisant lucidement mes fantasmes et ce que je puis appeler ma névrose pour forger mes intrigues et mes personnages.

Ce que l'analyse m'a apporté – et qui est libérateur –, c'est cette possibilité de manipuler à mon gré, quand j'écris, ce que je sais de mes sentiments, de mes rêves, de mes intuitions, de mon désir. (Mais aussi ce que je n'en sais pas.) Je n'irai pas jusqu'à dire que j'en sois absolument maîtresse, ce serait trop beau, mais je parviens à « prendre en main » ce que j'éprouve, pour le modeler à la manière dont mon père – céramiste enragé – modelait l'argile.

Mensonge, vérité ? Contrairement à ce qui se passe en analyse, lorsqu'on écrit un texte romanesque, il ne s'agit plus d'exactitude ni de vérité mais – *dixit* Paul Valéry – d'« efficacité ».

Dans le roman que j'ai intitulé *Une Saison de feuilles,* où je relate la déchéance d'une femme atteinte d'une maladie de la mémoire, j'avais hélas pu observer cliniquement les faits sur quelqu'un qui m'était cher. Pour que l'histoire prenne tout son poids, j'ai fait de mon héroïne, Hedwina Vallas, une actrice. Il me semblait que perdre la mémoire sur scène, face à tous, est ce qui pouvait advenir de plus dramatique – donc de plus « efficace ». Il arrive qu'on me dise : « Ah, vous avez raconté la vie de Rita Hayworth ! » Comme si j'étais capable de décrire ce qui s'est passé chez une femme que je n'ai jamais approchée! Comme si ça pouvait m'intéresser!...

Au début, je me suis rebiffée : « Mais non, il ne s'agit pas de Rita Hayworth, quelle idée! » Le temps passant, la réflexion aidant, je me suis dit que ce rapprochement était plutôt flatteur : il signifiait que je n'avais pas raté mon livre puisque, dans l'esprit du public, il évoquait un mythe.

A l'inverse, lorsqu'on écrit tout en sachant pertinemment qu'on « invente », on voudrait rester dans le vrai! Le vrai apparaît plus fort, plus convaincant que l'imaginé. L'est-il?

C'est avec mon amie Françoise Dolto que j'aimerais aujourd'hui parler de ces problèmes. Le temps trop bref que je l'ai connue, nous n'avons jamais discuté écriture – pourtant elle écrivait –, mais travail sur le vivre, sens à donner aux choses.

Depuis qu'elle était toute petite, Françoise s'était donné pour tâche d'accroître le sens de ce qu'elle éprouvait et observait. Elle donnait du sens – ce qu'elle appelait « humaniser » – à ce qui n'en avait pas encore, ou rendait plus évident celui déjà existant. Emportée par cette passion – c'en était une –, elle ne se préoccupait pas des retombées, c'est-à-dire de choquer, d'aller à l'encontre des préjugés, de jeter au public des vérités si nouvelles que certains en suffoquaient. (Ainsi sa fameuse déclaration : les enfants battus cherchent à se faire battre !...)

Ce qu'on avait trouvé contre son génie, c'était d'essayer de la diminuer, et, pour cela, on utilisait son sexe et son physique : avec son embonpoint, son âge, ses cheveux blancs, elle ne pouvait être qu'une « grand-mère » qui radotait, au mieux bêtifiait. La preuve, elle ne s'occupait pas des adultes, seulement des bébés... son niveau mental à elle !

Les défenses qu'érige la peur – Françoise avait la grandeur de les respecter – sont destinées à être balayées, et nous sommes de plus en plus nombreux à reconnaître ce que nous a apporté d'inestimable Mme Dolto. L'un des plus grands compliments qu'on ait pu lui faire de son vivant lui est venu de Bernard Pivot. Après l'émission d'*Apostrophes* tournée chez elle et qui lui fut entièrement consacrée, Pivot lui dit : « C'est la première fois, pendant une émission, que j'oublie complètement que je suis au travail et qu'il y a une caméra... » Fasciné par ses propos, par le génie palpable de cette femme, le professionnel de la télévision, toujours si maître de lui, avait en quelque sorte commencé sur-le-champ une analyse avec elle, lui posant des questions qui le concernaient lui, buvant ses réponses.

Elle en fut si contente qu'elle me téléphona

aussitôt après – à d'autres aussi, j'imagine – pour s'exclamer : « Tu te rends compte de ce que m'a dit Bernard Pivot ? »

Pas plus qu'à moi, elle ne lui avait parlé littérature. Pourtant, la littérature était là. Comment pouvait-il en être autrement avec Pivot chez Dolto ?

Le travail du style s'apprend, paraît-il, dans des « ateliers d'écriture ». L'art d'écrire, lui, ne s'enseigne pas. Le lecteur le perçoit sans explication, comme une grâce.

On peut s'en passer... Beaucoup d'écrivains, surtout de nos jours, ne sont pas des artistes, n'ambitionnent pas de l'être, ce qui ne les empêche nullement de se vendre et d'exercer de l'influence. Ils racontent bien, nous font participer à une expérience, une aventure, un débat d'idées. Il est arrivé qu'on me dise : « Ce que ce livre est mal écrit ! » et que je réponde : « Tiens, je ne m'en suis pas aperçue... » Sous la plume de l'auteur concerné, je n'allais pas chercher de l'art, et ne point en trouver ne m'avait pas frustrée. Je m'étais seulement préoccupée de comprendre ce qu'il disait, et si j'y étais parvenue – certains écrivent si mal, en revanche, qu'on ne saisit pas leur propos –, je pouvais donc m'estimer satisfaite.

Le véritable plaisir de lire est assez indépendant du sujet, lequel peut nous être indifférent. Il tient plutôt à un ordonnancement où jouent toutes les ressources du langage. « Ah, le bonheur que me procure une métaphore ! soupirait Valéry. Il est plus grand encore que celui que je prends à une métonymie... »

Valéry, l'un des rares à bien écrire sur l'écriture, déclare que l'on doit rédiger « un œil sur les choses, un autre sur le langage ». Ce qui demande un certain sens de l'équilibre !

Je me souviens de mes leçons de golf, de ski, d'équitation : « Vous mettez votre main ici, non, la gauche, la droite est posée ailleurs, vous répartissez votre poids, pliez le coude, fixez le regard dans cette direction, non, dans l'autre, et vous y allez... » Je courais droit à la contracture ou à la chute !

Aujourd'hui, quand les jeunes se lancent dans les sports de vitesse, parapente, surf, monoski, ils raisonnent moins : c'est réflexe. L'art aussi est réflexe. Michel-Ange allait vite. Dans les films sur Picasso ou Matisse au travail, la caméra a du mal à suivre : la pose de la touche est foudroyante, tout comme le tracé. Les grands photographes sont plus rapides que le mouvement.

L'exercice de l'écriture, quant à lui, se fait en secret et on ne peut que subodorer ce qui se passe entre un écrivain et son papier, mais

Valéry affirme que rien de bon ne s'écrit sans la vitesse. Balzac, Hugo produisaient comme des torrents, et Stendhal dicta *La Chartreuse de Parme* en trois semaines.

Les ratures ne prouvent pas grand-chose : Proust a certes plus récrit ses textes que personne – Gallimard s'essoufflait à les faire recomposer –, mais le travail abattu dans le temps qu'il s'était alloué avant sa mort est prodigieux.

L'artiste agit sous enchantement. D'où sa modestie quand on lui dit que c'est « merveilleux ». A son sens, il n'est qu'un transmetteur : la merveille vient du monde.

Il y a pourtant des gens pour s'imaginer que c'est leur personne qu'ils expriment en « créant » et que l'admirable est en eux...

Un homme jeune avec lequel j'avais entrepris de vivre me jetait le matin, à l'heure où je m'installe à ma table à écrire, un regard indéfinissable. M'admirait-il de me lever de si bonne heure pour reprendre le travail en cours ?

Quelques mois plus tard, il me confia le fond de sa pensée :

– Avant de te connaître, j'avais envie d'être écrivain ! Maintenant que je t'ai vue au travail, c'est bien fini ! Quelle vie ! Jamais je n'accepterais de faire ce que tu fais !

Je crois même qu'il ajouta : « Tu m'auras au moins servi à ça ! »

Et il se lança dans des activités d'un tout autre ordre.

Il avait un réel talent d'écriture, j'avais pu en juger aux textes qu'il avait fait paraître dans diverses publications. Il parlait alors de se mettre au roman, et je l'y avais encouragé. Toutefois, il ignorait ce que représente d'assiduité, de vie recluse, de gestes répétés, d'absorption physique, morale, intellectuelle, la rédaction d'un ouvrage de plusieurs centaines de pages.

Il avait fallu qu'il me voie à mon « établi », le dos rond, le front plissé, grommelant sur un mot, cherchant d'un geste hagard la tasse de café refroidi, pour mesurer l'ingrate ampleur de la tâche. Et son ridicule.

On ne se regarde pas écrire. Pour l'observateur extérieur, on n'est vraiment qu'une pauvre chose... Et cela vaut pour tous les écrivains, y compris les plus grands ! Qu'on imagine Jules Verne à la tâche, Lautréamont dans sa chambrette, Alexandre Dumas ceignant son vaste front d'un turban, Léautaud coiffant un bonnet. Sans compter les charentaises et la chaufferette sous la table !

C'est ce rituel que mon ami avait jaugé en me voyant jour après jour réintégrer mon cocon, et qui l'avait dégoûté de la vie d'écriture...

Par coquetterie, j'aurais dû m'enfermer pour réapparaître quelques heures plus tard, mon bouquet de feuillets noircis à la main ! Voilà qui lui aurait laissé ses illusions sur le métier. Mais, à l'époque, cet homme ne supportait aucune porte fermée entre lui et moi, et, par faiblesse amoureuse, j'avais cédé. Nous étions toujours ensemble, même quand j'écrivais.

Hors les excès de la passion – Musset et Sand écrivaient-ils dans la même chambre à Venise ? –, il est rare d'assister au travail d'un écrivain. Ceux qui sont en couple préfèrent s'isoler pour se livrer à leur « coupable industrie ». Virginia Woolf avait sa « chambre à soi » au fond du jardin. Victor Hugo se cloîtrait dans sa tour, Montaigne dans son pigeonnier... Il n'y a que Sartre et Beauvoir pour avoir rédigé face à face une œuvre mêlée – hors témoins.

Je n'ai surpris à la tâche aucun de mes amis écrivains. Il leur arrive de me dire au téléphone : « Je ne pourrai pas vous voir aujourd'hui, j'ai un chapitre à terminer... » Certains m'ont confié que pour se contraindre à garder la chambre – leur cabinet de travail –, ils restent en pyjama, en pantoufles... Je ne peux qu'imaginer la scène : je n'y assiste pas !

Désormais, plus personne ne me voit écrire, que mes chiens. Dès que je m'approche de ma table, ils s'affalent avec bruit, résignés à mon étrange manie. (Tous les propriétaires de chiens ne sont pas écrivains.) Peut-être ont-ils honte de moi, eux aussi ?

Il est rare que je pousse qui que ce soit à écrire; le flot de manuscrits qui me sont soumis, alors que je ne suis pas éditeur, m'en dissuaderait plutôt.

Toutefois, quand j'aime quelqu'un et croit déceler en lui un désir refoulé de s'exprimer, je me lance dans une opération qu'en psychanalyse on qualifierait de « sauvage » pour l'encourager à se « mettre à table ».

Chaque fois, c'est l'échec. Plus j'insiste, plus on me déclare – avec une mauvaise foi qui s'ignore – qu'en réalité on n'a aucune envie d'écrire et que les quelques feuillets qu'on m'a confiés étaient les derniers. Qu'on y a épuisé son « jus ».

Ainsi, hier, au téléphone, avec l'auteur déjà cité de *Mémoires d'asticot*. C'est elle qui m'« asticote » la première :

« Pourquoi ne mettez-vous pas plus de violence dans vos écrits ? me dit-elle.

– Moi ?

– Vous pourriez ainsi époustoufler vos lecteurs. Ils se diraient : “ Tiens, elle change ”, cela renouvellerait leur intérêt ! »

L'assaut me prend de court.

« D'abord, mes lecteurs sont contents comme ça, à ce que j'en sais, et puis j'en mets, de la violence !

– Où ça ?

– Dans *La Maison de Jade*, pour commencer. Une rupture amoureuse, suivie d'un suicide, deux tumeurs au cerveau, une trahison, un mort à Beyrouth, un chien perdu quasi euthanasié, quoi encore ? Mon héroïne est chassée, on lui pique son argent, on la dépouille de sa maison, on change la serrure de son appartement... Que voulez-vous d'autre ? Et *Une saison de feuilles*, ça n'est pas violent, la maladie d'Alzheimer ? J'ai aussi raconté comment deux sœurs s'empoignent, et, dans *Suzanne et la province*, j'ai mis en scène la jalousie sans merci d'une épouse trompée... Maintenant que vous m'y faites penser, mes romans sont un tissu de violence.

– Ouais, paraît admettre mon amie, pas déconcertée pour deux sous, mais c'est la façon dont vous le racontez...

– Qu'est-ce qu'elle a, ma façon ?

– Elle est comment dire...

– Je vais vous dire comment elle est :

sereine ! Savez-vous qu'on m'en fait compliment ?

– Justement, vous feriez bien de changer de ton, cela surprendrait votre public... Vous devriez être plus folle...

– J'ai fait des années de psychanalyse pour ne plus être folle ! Je ne vais pas m'y remettre maintenant ! Ce serait un recul, une régression...

– Il y a encore de la folie en vous, ce serait bien si vous la sortiez ! »

Tout cela exposé d'une voix douce, égale, exaspérante ! Et la sienne, de folie ? Il est temps que je montre mon savoir-faire, c'est-à-dire les armes dont m'a pourvue l'analyse.

« En fait, ma chère, ce que vous dites s'applique à vous, non à moi. Vous projetez. C'est vous qui avez de la folie et de la violence à exprimer. Moi c'est fait, dépassé ! Alors, qu'attendez-vous pour vous y mettre ? Pour tout déballer ? »

Une fois encore, c'est la fuite éperdue, le retour au terrier, le calfeutrage.

« J'ai écrit ces dix pages, je vous les ai montrées, c'est fini, plus jamais !... »

Quel éclat ! C'est bien à elle qu'Annick s'adressait. Je poursuis, pour elle comme pour moi :

« Écrire est un métier. Ce qui est dur, ce n'est pas de commencer, c'est de s'y remettre tous les matins. On se dit “ c’est nul ”, mais tant pis : tu “ dois ” le faire, tu “ dois ” aller jusqu’au bout. Inspiration ou pas. »

J’en arrive au coup final : « C’est que je vis de ma plume, moi ! » Et j’ajoute pour me rassurer : « Si je n’y arrive plus, si je ne trouve plus de sujets, j’écrirai des romans style Barbara Cartland. Ça, je pourrai toujours le faire, j’écris pour des magazines populaires et j’aime ça ! »

A elle maintenant de me materner :

« Ne vous en faites pas, avec votre façon de vivre les choses à plein, vous aurez toujours quelque chose à raconter... »

Mais je poursuis mon fantasme :

« Je crois que j’aimerais bien faire des romans à l’intention des cœurs en peine... Je vais peut-être m’y mettre dès demain... Cela rapporte gros... Vous savez, c’est l’argent qui contraint à écrire. Si je pouvais m’arrêter, je le ferais... »

Je viens de prendre conscience, grâce à Annick, de ce que je me cache d’ordinaire : combien il m’est dur d’arracher de moi le plus vivant, le meilleur, le juste vécu, pour le réduire en mots.

« On me sonne et j'y vais ! » s'indignait-on déjà lors de l'invention du téléphone. Aujourd'hui, c'est tout le temps qu'on est sonné : dans son bain, à table, dans sa voiture, dans la rue. Il n'y a pas que les médecins pour porter un *bip* à leur ceinture !

Ces stimulations sont divertissantes – au sens étymologique, elles nous détournent d'une ligne de pensée ou de conduite – mais aussi impératives : il peut y avoir danger à ne pas tenir compte d'un appel.

Or, quelqu'un qui est entré en transes ou en hypnose ne tient plus compte de rien : que ce soit d'une sonnerie, d'une sirène, d'une fumée, voire d'une douleur corporelle... Il devient en somme « fakir ».

Écrire ne nous entraîne pas dans une contrée aussi détachée du présent, mais ce n'est pas non plus un acte « ordinaire ». Je reste deux ou trois heures à ma table sans voir le temps passer. Si je prétends ne m'y installer que pour quelques minutes – l'eau coule dans la baignoire, une casserole est sur le feu –, la mésaventure est inévitable...

On en rit ou on en pleure, c'est selon, mais cela prouve en tout cas que nous cherchons à nous évader de ce temps découpé en lamelles. Les gens des villes sont exaspérés par l'horodateur qui ne leur alloue qu'une tranche de deux heures, quoi qu'ils entreprennent. La plupart de nos actes sont ainsi minutés. Ce qui est grave, c'est que le délai s'inscrit dans notre tête, nous entendons chuter les minutes, même si, pour ne plus les calculer, nous nous sommes procuré l'une de ces montres qui nous rappellent à l'ordre par un *buzz*.

« Rien que nous deux », dit l'amant à sa maîtresse, laquelle acquiesce de tout cœur. Mais elle sait que son train de banlieue l'attend, il n'oublie pas son délai de parking, tous deux restent conscients qu'ils doivent se lever tôt le lendemain... Point d'éternité, donc pas de paradis !

Sauf les paradis artificiels. Ceux qui y ont recours, à commencer par les preneurs de somnifères, tentent de s'arracher tant bien que mal au carcan du temps.

Écrire aussi libère de l'horloge. Peu coûteux, un Bic et du papier; guère bruyant, et non néfaste pour la santé.

S'il refuse toute interview, se calfeutre dans le secret de sa retraite, c'est que l'écrivain craint de décevoir. Depuis sa petite enfance, il s'est senti un « incompris ». Il a remarqué – en tout cas, il en est convaincu – que dès qu'il ouvre la bouche, les gens l'entendent mal ou de travers, ricanent, se trompent sur ses intentions. C'est l'une des raisons qui l'ont poussé à écrire. La publication, c'est la mise au pilori. Il la redoute tout en la souhaitant : dès qu'il s'agit non plus de lui mais de ses textes, le plus secret des écrivains devient exhibitionniste.

D'avance, au début, j'en rougissais jusqu'à la racine des cheveux... Je dois à la psychanalyse d'y être à présent presque indifférente.

Des centaines d'heures sur le divan vous font prendre conscience qu'il n'existe pas, au fond de soi, quelque « être secret » enveloppé de voiles, de langes, qui va un jour se produire sur la scène du monde pour y être passé au crible de la critique.

On apprend peu à peu – comme le chantait jadis Yvonne Printemps – que l'on n'est pas ce que l'on pense, que l'on n'est pas ce que l'on dit... Ni même ce que l'on écrit.

On est un être en mouvement, en allant-devenant.

Tous les matins, l'été, je vais promener mes petits chiens sur le sable de la plage et nous ne retrouvons pas nos empreintes de la veille. Nous avançons sur un sol vierge. C'est une sensation exaltante, du moins pour moi (les chiens, eux, aiment bien flairer leurs anciennes traces). Cela me donne le sentiment que tout le mal ou le bien qu'on peut dire de moi s'adresse à un être qui n'existe plus : celui de la veille. Moi je suis ailleurs, en marche – qu'on me pardonne cette emphase soudaine ! – vers l'éternité.

Pour avoir longtemps vécu avec des personnes de plus de quatre-vingt-dix ans, je sais qu'en avançant en âge on disparaît en partie : on se ratatine, on s'affaiblit, tout diminue, la voix, l'appétit, la douleur, mais l'être, lui, demeure entier. Seulement, pour l'essentiel, il est déjà de l'autre côté.

Désormais, je considère mes « vieillissants » comme des antennes tendues vers l'inconnu. S'ils sont moins performants que nous dans ce monde, c'est qu'ils sont déjà tournés vers l'autre. Au lieu de les maudire pour leurs insuffisances, les bousculer pour une perte de mémoire ou une maladresse, je ne les en respecte que davantage.

L'une des dernières phrases qu'a pu prononcer mon père m'est demeurée comme une énigme. C'était la veille de sa mort et nous faisions cercle autour de lui, tristement conscients de son état. Redressé sur son oreiller, il nous considérait d'un œil lointain. Je me suis approchée de lui, j'ai pris sa main :

– A quoi penses-tu, Papa ?

– A rien. Je vous écoute parler des guerres étrangères.

Nous n'échangions, on s'en doute, que des propos sans envolée. Où était mon père, si lucide ?

Le lendemain, tout s'est éteint.

Il a longtemps été interdit – surtout aux femmes – de penser par soi-même. Il fallait un directeur de conscience, la plupart se contentaient du curé qui leur dictait leur conduite, pointait les péchés, canalisait l'amour, infligeait la punition. On peut imaginer qu'écrire, acte libre par excellence, était défendu. Que de refoulements en conséquence ! Même écrire « pour soi » reste aujourd'hui répréhensible : dissimulation, trahison vis-à-vis des tiers.

Chez les hommes aussi. Si nul n'est plus sous la férule d'un directeur de conscience, une figure imaginaire interdit de s'exprimer : c'est le père, la mère, l'épouse, terribles ou trop affectueux censeurs !

On se sent pris entre la peur du châtiment et le désir de s'exprimer à la sauvette : ce qui produit ces petits textes avortés (tel fut mon cas) – trois pages par ci, un chapitre par là, une confession hermétique enfouie dans l'armoire à linge, une correspondance secrète. Un jour, le pot aux roses – d'ailleurs mal camouflé, comme si on tenait en fait à être lu – est découvert, et c'est le drame ! Ce qui confirme le coupable dans l'idée que c'est vraiment mal d'écrire !

C'est tout à fait vrai : ce qui va dans le sens de notre véritable désir est *mal*... pour les autres !

Pourquoi prendre le risque d'être exclu, rejeté, désaimé par sa famille, son groupe, parfois – comme Salman Rushdie – un peuple entier ?

Mais on rumine : « Si j'ai vraiment du talent, si mon livre est bon, s'il a du succès, s'il me fait gagner de l'argent, alors on me pardonnera d'écrire... » Un auteur à succès est rarement mal vu par les siens. Ou pas bien longtemps !

Et l'on vient quêter auprès de moi l'assurance que ce que l'on écrit va « marcher », que le fait d'avoir enfreint l'interdit – la loi du silence – sera absout.

N'est-on pas assuré pour tout le reste ? On ne veut pas se risquer sans garanties quasi contractuelles à un acte aux conséquences imprévisibles. Sauf si l'on est très suicidaire, désespéré ou révolté. Ou qu'on se sait perdu, comme ce fut le cas de Hervé Guibert qui, face à la mort, n'a rien cherché à cacher de sa vie sauvage.

On y va également sans grande réserve si l'on a rencontré le succès et que l'on est certain de l'impunité : plus solidement un écrivain se sent implanté, plus il se révèle. François Nourissier me l'avait écrit : « Vous allez voir, Madeleine, bientôt je dirai tout... » C'est vrai, il en dit de plus en plus, de mieux en mieux. Par son travail et sa réussite, il s'est acquis cette permission-là.

Il est plus difficile de se lancer quand on n'est sûr de rien. Il y a un risque à écrire et à publier comme il y en a un – chacun le pressent – à entrer en analyse.

Mais que vaut la vie si l'on n'y prend pas de risques ? Comment un éditeur pourrait-il anticiper la réussite de ceux qui ne se livrent que par bribes ?

La suite dépend de leur capacité d'aller « jusqu'au bout ». Une psychanalyse peut leur en donner l'audace, ou bien un grand malheur, un événement qui les rend indifférents à l'opinion.

Cela ne se recherche pas, c'est le destin.

D'un seul coup – cela m'est arrivé –, on découvre que plus rien ne compte.

On n'attend plus la permission de personne, on n'a pas le trac, on se fiche du résultat. C'est fait : on va dire à tous ce qu'on a à dire.

Cette fois, on écrit.

Quand la censure était encore en vigueur – c'était avant 68 –, une discussion s'instaura quelque temps parmi les écrivains, brillamment menée par Alain Robbe-Grillet : « Si vous créez des œuvres noires, disait-il en substance, cela signifie justement que vous ne vous livrez pas aux agissements que vous décrivez. Écrire tient lieu d'exutoire et suffit. » Le propos fit vaciller les censeurs qui étaient allés jusqu'à condamner Jean-Jacques Pauvert pour avoir réédité les œuvres de Sade et certains chefs-d'œuvre érotiques, comme ceux de Georges Bataille.

Mais la proposition est-elle exacte ?

Hitler a écrit *Mein Kampf*, ce qui ne l'a nullement empêché de mettre son programme à exécution. On peut objecter qu'il n'a pas assassiné lui-même, mais par SS interposés. Cela fait-il une différence ?

D'autres grands maîtres de la terreur maniaient également la plume et je crains fort qu'on ne puisse compter sur le fait de coucher noir sur blanc ses fantasmes pour étancher sa soif de tuer ou de faire souffrir.

Sans compter qu'il y a les tortures morales, et chacun sait que de très grands écrivains ont été odieux avec leur entourage, en particulier leurs compagnes, leur mère, leur sœur (Claudel), sans que nul ne se donne la peine de plaindre les victimes ! Vivre avec un génie, pense-t-on, vaut tous les sacrifices.

Pour moi, je ne me juge pas meilleure parce que j'écris. Écrire me permet au contraire de passer à l'acte, et quand j'ai envie d'assassiner quelqu'un en douce, je sais comment m'y prendre : je le fourre dans un de mes romans. Le reste du monde n'y voit goutte, mais le « visé » sait fort bien ce qu'il en est et souffre – du moins je l'espère – mort et passion.

Si la lecture est un vice impuni, l'écriture est une des formes les plus impunies du crime.

Toutefois, il y faut du doigté. Mon amie éditeur me disait : « Pas de règlement de comptes ! » Si, bien sûr ! Autrement, à quoi bon écrire ? Mais en dissimulant le curare sous le miel...

Le succès grandissant des romans noirs comme ceux de Mary Higgins Clark vient de ce qu'ils sont cuisinés à cette sauce : les héroïnes sont bonnes, belles, blondes, et ce qu'on leur fait subir paraît d'autant plus atroce. Tous ceux qui ont envie de se venger sont délicieusement réconfortés par ces histoires de mauvais aloi.

Les cœurs purs se refusent d'ailleurs à les lire. Pour moi, je les dévore et rêve d'en écrire! Alors seulement, me dis-je, je me remettrai de mes malheurs!

*Vengeance par l'écriture* pourrait être le titre d'un roman balzacien. A propos de Balzac, il est intéressant de noter qu'en écrivant *La Femme abandonnée*, il se vengeait d'une femme qui lui avait résisté. *Le Lys dans la vallée* comporte aussi de sombres soubassements. On n'écrit avec angélisme – la Touraine et ses effluves, dans *Le Lys!* – que sous l'empire d'une passion contrariée. Mordu d'amour et de haine.

Lorsqu'on écrit, c'est pour quelqu'un, souligne Valéry. Une personne que l'on aime, que l'on respecte, que l'on craint, en tout cas qui est identifiée. C'est l'ami qui comprend tout, console, ou, au contraire, l'adversaire à convaincre.

Les lettres de Mme de Sévigné à sa fille sont des lettres de séduction : la très-belle, la très-chère bonne, va-t-elle avoir du goût pour ce que sa mère lui raconte ? Ce souci influe sur l'humeur du scripteur, sa façon de relater la réalité. Personne ne prend Mme de Sévigné pour une historienne, plutôt pour une chroniqueuse, presque une romancière. On devine qu'elle déforme, embellit, en rajoute pour le plaisir de sa fille – qui lisait ses lettres à un cercle de blasés.

Mme de Sévigné à sa table à écrire, ce ne pouvait être confesse, encore moins le divan. On peut toutefois supposer qu'elle exprimait, en dépit d'elle, quelque chose de sa vérité, de ce qui la faisait avancer.

Dans un tout autre registre, la lettre de Kafka à son père est un texte où il ne s'agit pas de charmer son correspondant, mais de se justifier à ses yeux. C'est un plaidoyer pour se faire reconnaître en ouvrant les yeux du père à la vérité du fils. L'entreprise échoua, mais quelle admirable « analyse » de cette méconnaissance paternelle qui contribua à faire de Kafka un écrivain de génie !

Pour autant, cette investigation de soi face à l'autre ne constitue pas un traitement. Tout ce que peuvent produire certains textes de vérité, ce sont des « effets d'analyse ». On se rapproche de ce que l'on est en formulant des pensées ou des sentiments que l'on ne savait pas être les siens.

Je possède pour ma part des liasses de lettres, envoyées ou non – c'est spécifié en haut de la feuille –, écrites à des personnes qui, à un moment ou à un autre de ma vie, comptaient fortement pour moi. Ces gens se sont éloignés, mais ce que je leur écrivais reste vrai pour moi.

C'est aussi à soi qu'on s'adresse en présence du thérapeute. D'autant plus carrément qu'on a la certitude que rien ne sortira de son cabinet. Cette assurance du secret donne une liberté de propos qu'on n'aurait pas ailleurs. On se laisse aller à dire des choses qu'on réprouverait en public, comme à une façon de parler plus abandonnée... Une amie analyste me disait qu'en séance, l'un de ses clients ânonnait parfois comme un bébé; il avait régressé jusqu'à cette période-là.

Certains amoureux s'écrivent aussi en bêtifiant, mais, dans l'ensemble, quand nous nous adressons par lettre à des gens que nous estimons, ou si nous rédigeons un texte que nous aimerions voir publié, nous tentons de nous exprimer de notre mieux. C'est ce souci d'expression – lequel relève de la courtoisie et de l'esthétique, peut-être aussi de la prétention – qui nuit à la recherche de la vérité.

Non qu'il n'y ait pas d'esthétisme ni de prétention face à l'analyste. On cherche à se faire bien considérer, approuver, on travaille aussi à le séduire, et pas seulement sur le plan amoureux, pour le conduire à voir les choses « comme nous ». C'est un jeu savant et continuel, et l'analyste a parfois bien du mérite à n'y pas perdre l'intégrité de son écoute.

Ma façon de chercher à séduire mon analyste consiste à raconter avec entrain des anecdotes où je me mets en scène. Il m'est arrivé de regretter que mon petit discours ne soit pas enregistré, tant je lui trouvais de qualités. « Je ne ferais pas mieux en écrivant », me disais-je. C'était reconnaître que ces paroles-là, destinées à étonner mon auditeur plutôt qu'à l'informer, manquaient leur but analytique.

Non que la forme ne compte pas, en séance; l'analyste s'y attache particulièrement. Ce n'est pas un hasard si l'on choisit tel mot plutôt qu'un autre, bute sur un vocable, utilise à tort une expression, choit dans le lapsus... Tout signifie, dans la parole de l'analysant, mais seulement pour le patient et son analyste. Pour toute autre oreille, ces plaintes ne dégagent que platitude et ennui.

Le premier souci d'un écrivain est au contraire d'être lu et, pour cela, de s'attacher le lecteur par tous les moyens. Parfois, par un ton de vérité. Mais on aurait tort d'y voir une franchise particulière : il s'agit seulement d'un procédé et raconter sa vie par le menu n'est pas, en analyse plus que par écrit, une garantie d'exactitude.

Dans les deux cas, cependant, une modification du sujet aura lieu. On ne se « dit » pas impunément.

Tous les ouvrages qui nous captent ont la même particularité : nos yeux « collent » aux lignes au point de faire mal, ce qui n'empêche pas de sauter d'un chapitre à l'autre.

Les derniers à m'avoir fait cet effet sont ceux d'Hervé Guibert. J'ai mis du temps à les ouvrir, car ce qu'en disait la critique m'en dissuadait : l'exhibitionnisme de la maladie, de l'homosexualité et de la mort.

Un jour, par curiosité – la curiosité est le moteur de la lecture – j'en ai ouvert un : j'ai acheté tous les autres. Ce que j'avais cru un cri morbide était un hurlement de vie. La vie triomphante, adorée, salvatrice.

Cet homme, n'ayant plus rien à perdre ni d'ailleurs à gagner, a tout livré de ce qui est notre condition dans un ramassis efficace. Ses ouvrages sont comme le dernier legs d'un condamné à mort, fait de débris d'ongles et de sang.

C'est le langage qui humanise, musicalise le tout.

Ce genre de réussite littéraire, il faut être bien ambitieux ou bien inconscient pour l'envier. Je souhaite pour mon compte qu'elle me soit évitée, si c'est pour la payer d'une telle monnaie de souffrance.

Mais je suis reconnaissante que des livres aussi féroces soient écrits « pour moi », lecteur.

C'est parce qu'ils sont en avant de nous que nous aimons tant les écrivains : ils nous offrent le suc d'expériences que, de ce fait, ils nous épargnent. Nous accédons par eux à une connaissance plus vaste de l'humanité et nous ne la payons qu'environ cent francs.

Une amie me confie : « Si tu savais l'admiration que ma sœur a pour toi ! Elle se reconnaît dans tout ce que tu écris sur les femmes. »

J'écoute avec distraction : si les gens se retrouvent dans mes romans, tant mieux, mais c'est leur affaire. La mienne, c'est mon travail, toujours à recommencer.

L'amie insiste : « Ma sœur trouve que j'ai de la chance de te connaître, elle se précipite pour acheter ton dernier livre dès qu'il est sorti... Tu sais, je suis très attachée à elle, bien que nous vivions éloignée l'une de l'autre. »

J'aime tendrement C., une femme exceptionnelle, comme moi sans enfants, et je comprends que sa sœur compte d'autant plus.

« Tu crois que cela lui ferait plaisir si je lui envoyais un de mes livres dédicacés ?

– Elle serait folle de joie ! » me répond C.

Je prends mon dernier roman, le dédicace au

nom de la sœur de C., qui se charge de l'expédition.

Huit jours plus tard, C. me téléphone :

« Ma sœur vient d'envoyer chez moi un paquet à ton nom ! Puis-je te l'apporter ?

– Bien sûr, dis-je, cela me fera une occasion de te voir. »

L'après-midi même, C. est chez moi, serrant contre elle un colis postal, arborant un large sourire :

« Elle a sans doute voulu te remercier, je me demande bien ce que c'est...

– Tu aurais dû l'ouvrir !

– Je n'ai pas osé. »

Nous voici, comme deux petites filles, à dénouer les ficelles. Comme la sœur de C. habite le Midi, je m'imagine trouver des fruits confits comme j'en achetais à Nice, autrefois, pour Maman. Ou alors des pâtes de fruits. Le dernier papier saute : c'est un manuscrit !

Un mot est joint, qui dit à peu près : « Moi aussi j'écris ! Voici mon enfant, je compte sur vous pour le lire et me donner votre avis ! »

C. est plus consternée que moi :

« Si j'avais su, jamais je ne te l'aurais apporté !

– J'ai l'habitude ! Dès que je suis un peu aimable avec une lectrice, elle m'envoie ses œuvres...

– Donne, je vais le lui retourner.

– Je préfère le garder quelques jours, j'y jetterai un coup d'œil. »

Il n'y avait rien à en penser ni à en dire. Comme mon père venait de mourir, je l'ai empilé avec tous les autres, et oublié.

Renvoyer prend du temps. J'ai eu des « mots » avec des lecteurs, inconscients de la surcharge de travail qu'ils m'imposaient : « C'est inadmissible, je vous ai adressé mon manuscrit et vous l'avez gardé ! » Ai-je le loisir d'emballer, d'aller faire la queue à la poste ? Et où engranger tout ça ? Il y a déjà assez de papier accumulé chez moi... Qu'on vienne m'aider à mettre de l'ordre, si on m'aime tant ! Je n'ai pas de secrétariat.

J'étais en pleine rédaction d'un ouvrage quand je reçois une lettre de la sœur de C. : « Qu'est devenu mon manuscrit ? L'avez-vous reçu au moins ? C'est que j'y tiens, moi ! »

En somme, fâchée !

De ma vie je n'ai envoyé un manuscrit à un écrivain. J'en connaissais pourtant : Giono était un ami, Prévert aussi, et j'avais quelque intimité avec certains de mes confrères critiques littéraires... Pourtant, jamais je n'aurais osé leur demander de me lire. Je respectais trop leur temps pour ainsi les encombrer.

Une seule fois, j'ai soumis trois pages à un proche, c'était Jacques Lacan. Il m'a répondu que ce qui lui plaisait dans mon texte, c'était le paragraphe hallucinatoire où je voyais le corps des autres se déformer jusqu'à produire des tentacules prêts à me dévorer... Je n'ai été qu'à demi flattée d'intéresser le psychanalyste par mes seuls fantasmes.

Depuis, je n'ai consulté que des éditeurs.

Qui ne se souvient du philosophe Gaston Bachelard ? Sa friandise, c'étaient les poètes. Ceux du dimanche comme les princes du verbe. Il les parcourait tous et chez le plus petit – pour ne pas dire le plus mauvais – il découvrait une image, une métaphore, un rapprochement heureux. Qu'il extrayait pour en faire l'hommage à ses propres lecteurs.

Dans tout roman, tout essai, tout ouvrage d'histoire, même le pire, il y a, comme ça, une « trouvaille » qu'un lecteur entraîné déniche presque sur-le-champ. Au hasard ? Plutôt comme le cochon sa truffe : au flair. Sans qu'on puisse expliquer le phénomène autrement que par le « nez ». Lire au nez !

La lecture est intimement liée à l'amour.

Je ne peux d'ailleurs lire que dans mon lit, l'objet-livre ouvert, saccagé par l'impatience, égaré dans les draps, tiédi par mon corps, car je dors dessus quand le sommeil m'emporte.

Ceux qui ne me conviennent pas, je les laisse glisser au sol, le long des couvertures, ou les y projette violemment. Que vient-on m'ennuyer avec de l'amour qui n'en est pas ?

Car je reconnais la voix du vrai, la voix « sur le souffle », dès les premières lignes, et je sais qui me parle de son amour et qui ment.

Ce rapport de passion avec la lecture nous vient de l'enfance et, avec l'âge, y retourne. C'est pourquoi il est si important d'apprendre l'art de lire dès ses jeunes années : pour ne plus jamais, de sa vie entière, être seul.

Je ne suis jamais seule ni totalement abandonnée, du moment qu'il y a des livres. Tous les livres. En somme, vous. Car les livres, ce sont les autres. Présents-absents.

Ce [illegible]

[illegible] Voir [illegible]

L'animal ne lit pas. Il ne possède pas ce moyen de sortir de son sac de peau. Il n'a que le regard, le toucher. Sa grosse truffe, s'il s'agit du chien, doit sans cesse se poser sur ce qu'il aime ou veut explorer. Bisous mouillés, remuements du corps et de la queue. Qu'on se quitte, lui et nous, et c'est le désespoir. Plus aucun moyen de rester en contact, sauf par des abois dont la portée ne dépasse pas un court périmètre. Point de lettres, pneumatiques, fax, télégrammes, messages, *post-it*... Le pauvre chien ne sait ni lire ni écrire. (C'est exprès que je ne dis pas qu'il ne peut pas parler, car il parle.)

Les êtres humains, en revanche, sont confrontés dès leur naissance à ce royaume qui étend à l'infini, dans le temps et l'espace, leurs moyens d'action et d'amour.

Nous pouvons lire Homère, la Bible, les Égyptiens, comme ce que viennent d'écrire à l'instant même Duras, Quignard, Attali, Serge July – ou tels ou telles dont nous nous sentons proches, au point d'avoir le sentiment que nous sommes à l'intérieur de leur cerveau. De la même intime façon, nous lisons Cyril Collard encore chaud, tandis que Soljénitsyne nous installe dans les pavillons de la mort.

Que de voyages, en nous et en eux, grâce à eux et grâce à nous qui savons lire, et nous y employons !

Car il ne suffit pas de savoir lire pour lire.

La plupart de nos petits écoliers savent lire ; or, très peu s'y adonnent.

La lecture est un art et tout le monde n'est pas artiste. L'exploit sportif paraît plus parlant, plus enrichissant que l'abstraite exploration d'un univers qu'il nous faut édifier nous-même à l'aide de petits signes noirs sur support blanc. Descendre la piste olympique d'Albertville, traverser le Pacifique à la rame demandent une énergie exceptionnelle, et, celle-là, bien visible. Mais lire ? Où est l'admirable ?

L'un des grands mérites du livre, c'est justement de vous épargner les excès du corps, tout en prolongeant et variant à l'infini les plaisirs. Que fait d'Aboville après sa traversée ? Il écrit un livre. Herzog, Haroun Tazieff, Cousteau sont devenus aussi des champions de la librairie.

Ah, qu'il est doux d'explorer l'abîme des mers, de s'essouffler dans l'air raréfié de l'Himalaya, de se brûler les sourcils au bord de l'Etna, sans bouger, au creux du lit ou du sofa! Dans une rapidité accrue de la pensée.

Les auteurs que nous préférons sont ceux dont la vitesse d'évocation fait vibrer nos deux hémisphères comme des voiles au vent. S'ils y parviennent, c'est que leurs références, leur « banque de données » est si étendue qu'ils ne cessent de zigzaguer – et nous avec – d'un horizon à l'autre. Ils « décoiffent »! Toujours plus vite, toujours plus loin, telle doit être la devise de l'écrivain! Avant d'être celle de son lecteur.

Balzac, Malraux, Montaigne, Beckett savaient tout de ce qui se disait, avait été dit et pensé dans leur siècle. En écoutant, en circulant, mais surtout en lisant. Ils s'y étaient pris très tôt.

Il n'y a pas de grand esprit analphabète, ni même paresseux. Modeste, oui, pudique, dissimulant ses connaissances et n'avouant pas ses nuits blanches.

[illegible] forme de la pensée [illegible]

Les autres questions prêtaient [illegible]

[illegible]

Une maison d'édition, selon sa taille, se doit de sortir un nombre donné de livres par an. Une fois choisis ceux qui paraissent « évidents », on pioche dans le « reste ». En désespoir de cause, un éditeur publiera tel manuscrit plutôt que tel autre qui le vaut sans doute autant. Parfois, coup de veine, le repêché fait un malheur! On félicite l'éditeur pour son « flair »... Lui seul sait qu'il s'agit d'un pur hasard – ou presque.

En publiant ainsi des ouvrages de qualité moyenne, les éditeurs mettent en rage ceux qu'ils recalent tout en donnant de fols espoirs aux candidats écrivains. D'où le flot grandissant des manuscrits déposés à leur porte comme à la nôtre. Ils devraient se méfier : ils risquent de voir apparaître un jour des auteurs refusés qui assailliront leurs bureaux en brandissant des pancartes : « Nous exigeons d'être publiés ! »

Nous vivons dans une société qui aspire à l'égalitarisme en tout domaine : même traitement devant la loi, face aux administrations, au fisc, devant les tribunaux, dans les hôpitaux. Similitude face aux gènes que des chercheurs s'activent à uniformiser. Que certains soient publiés et d'autres pas, constitue une inégalité de plus en plus scandaleuse. Intolérable! Une survivance – c'est exact – du règne honni de l'arbitraire.

Récemment, une jeune femme blonde, ravissante, me dit : « Voici mon manuscrit. Bien sûr, il est mal écrit, mais ils ont ce qu'il faut, n'est-ce pas, chez les éditeurs, pour corriger? Ils s'en occuperont, ce n'est pas ça l'important... »

Elle avait dû lire des articles sur les « nègres », ces gens talentueux qui récrivent en sous-main les biographies de vedettes du sport, de la chanson, de la mondanité, quand ils ne fabriquent pas l'ouvrage d'un bout à l'autre!

Ce qu'elle n'avait pas le moins du monde envisagé, c'est qu'elle n'avait pas un nom connu, susceptible d'attirer le moindre public. Et si son histoire lui paraissait à juste titre passionnante, elle ne comportait rien de neuf.

Je réside souvent en province et m'entends parfois dire avec acrimonie : « Mais c'est nul, ce que publient vos éditeurs parisiens! »

Une femme fort cultivée qui s'était vu refuser son livre par l'un de ces « éditeurs parisiens » qui, entre autres, m'éditent, m'a lancé un jour d'un air outragé : « Ils publient tant d'ouvrages médiocres, pourquoi pas le mien? »

Tout ceci n'est qu'une vague avant-coureuse. D'ici quelque temps, le droit pour tous d'être publié sera inscrit dans la Constitution.

Mais il faudra l'assortir alors d'un corollaire : obligation de lire les œuvres d'autrui !

A moins qu'être publié suffise au bonheur général ?

« Si, à la NRF, Paulhan était un si grand directeur littéraire, c'est parce qu'il savait que c'est dans la mesure où quelque chose ne ressemble à rien que l'on est devant quelque chose qui peut être Proust », m'avait déclaré Malraux en 1976.

L'ambiguïté de l'écriture repose sur cette notion de nouveauté. Ce qu'en dit Malraux éclaire un peu le chemin : une œuvre qui ne ressemble à rien de connu apporte peut-être une façon nouvelle d'assembler des éléments anciens, de se représenter l'univers. Et seuls de grands érudits comme l'était Jean Paulhan, d'une sensibilité hors de l'ordinaire, souvent écrivains eux-mêmes, sont capables, pense-t-on, d'apprécier la non conformité d'une œuvre, du fait qu'ils connaissent à peu près tout ce qui existe en ce domaine.

Or, ils se trompent !

On sait que la maison Gallimard a commencé

par refuser Proust. C'est Bernard Grasset qui l'a publié le premier, pratiquement à compte d'auteur. Un peu plus tard, Gaston Gallimard, conscient de l'erreur commise, s'est en quelque sorte racheté en le rachetant.

A qui se fier si même à la NRF, où étaient concentrés les esprits les plus fins, on n'a pas vu, senti, perçu, subodoré qui était Proust ?

L'aveuglement s'est reproduit pour Samuel Beckett : neuf maisons d'édition ont refusé *Molloy* avant qu'un tout jeune éditeur, Jérôme Lindon, comprenne dès la première lecture du manuscrit, pour ne pas dire dès le premier chapitre, qu'il avait affaire à un auteur complètement « neuf ». Et génial. Le lendemain, Lindon était chez Beckett et se noua alors une collaboration qui dura jusqu'à la mort de l'écrivain.

Pourquoi Jérôme Lindon a-t-il été le seul, à l'époque, à reconnaître que cet écrivain pas comme les autres apportait de ce fait même un souffle nouveau ?

On a tendance à penser que plus un directeur littéraire a lu, plus il est versé dans les humanités, éventuellement la grammaire, la linguistique, couvert de lauriers, académicien de surcroît, en somme plus il est « maître », meilleur juge il sera.

L'histoire littéraire tend à prouver le contraire. Ce qui permet à un critique ou un éditeur de reconnaître la valeur inédite d'un écrivain, ce n'est pas le niveau culturel, ni même l'expérience, c'est la sensibilité à ce que Baudelaire appelle le « frisson nouveau ».

Après la guerre, les camps de concentration, l'Occupation, le spectre du racisme plus fort que jamais, il fallait un homme très jeune comme Jérôme Lindon, grandi dans ce monde où l'horreur côtoyait les plus folles espérances, pour apercevoir au premier coup d'œil ce que Beckett représentait. Exactement ce que la génération qui se remettait à vivre attendait : la mise en mots de l'univers de désespoir et de déréliction qui était le nôtre.

Les directeurs littéraires proposent, le public décide. Car c'est le public – non les critiques de théâtre ! – qui ont lancé *En attendant Godot*, la première pièce de Beckett, à la carrière triomphale. C'est aussi le public des jeunes, dix ans après sa mort, qui s'est reconnu dans la littérature de Boris Vian et s'est arraché l'*Écume des jours*.

Vian était un intime de Jean-Paul Sartre et de sa « famille », tous écrivains. Dans le cercle existentialiste, on s'amusait des écrits de Vian comme de galipettes verbales – il composait aussi des chansons ! –, on ne s'en émouvait guère et on se garda de le mettre à sa vraie place (il en a souffert) : Vian ne représentait pas la sensibilité du moment, mais celle à venir.

Les écrivains sont des antennes. Ils n'inventent

rien, ou à peine, ce qu'ils prévoient est déjà présent, mais sous une forme encore à peine perceptible. Alors que les autres vivent encore sur des éléments du passé, les plus sensibles perçoivent déjà autre chose et l'indiquent du doigt : « Attention, cela vient ! »

Quelques lecteurs, qui l'ont ressenti pour leur propre compte, frémissent à leur tour, remerciant l'écrivain d'écrire « exactement ce qu'ils pensent ».

La reconnaissance générale, en revanche, peut être longue à venir. Proust, qui a raté le Goncourt, est longtemps resté un auteur confidentiel, réputé un peu snob. Mais, parfois, le succès public est foudroyant, dépassant les prévisions de l'écrivain comme celles de son éditeur. Il est ainsi des livres-charnières : *Bonjour Tristesse*, et, à sa manière, *La Bicyclette bleue*. Aujourd'hui, *Les Nuits fauves*. Autre façon d'approcher l'écriture, plus légère ou plus brute. Autre lectorat.

Cela choque ? En littérature, nous sommes tous bons et mauvais juges selon les heures, les moments et notre humeur. Nous préférons ce que nous connaissons déjà, cela rassure, et ce qui ne « ressemble à rien », comme dit Malraux, nous déplaît ou nous effraie. Nous fait sentir que le temps a passé.

Nous aimerions bien, au fond, que cela « n'existe pas ».

C'est d'ailleurs l'une des expressions employées

par les critiques et les éditeurs pour repousser ce qui n'est pas dans leur ligne du moment : « Cela n'existe pas ! » (Je l'ai entendue employer aussi en couture, en peinture, en musique.) Or, c'est pour faire exister ce qui n'existe pas qu'il faut sans cesse de nouveaux écrivains ! Même les plus doués d'acuité d'entre nous vieillissent et doivent être remplacés. Le monde actuel n'est plus celui dans lequel nous sommes nés. Nous le critiquons : c'était mieux avant ! Notre corps, notre esprit datent, en effet, « d'avant », et s'y trouvaient plus à leur aise.

C'est cruel, mais c'est comme ça : le fils s'affirme contre le père. Voyons ce qu'il apporte.

« Qu'attendez-vous de la littérature ? » avais-je demandé à Jean Paulhan. Il m'avait répondu : « J'en attends tout... » Quant à Jacques Chardonne, il m'avait lancé à brûle-pourpoint l'une de ses boutades : « La littérature est partout, sauf dans les romans... »

*Qu'est-ce que la littérature?* est aussi le titre d'un court et magistral essai de Sartre où il n'est pas davantage répondu à la question.

Est-ce si important de ne pas en avoir de définition ? Lequel d'entre nous s'asseoit à sa table de travail en se disant ou en proclamant à son entourage : « Ce matin, je vais faire *de la littérature* » ?

On risquerait de se retrouver paralysé jusqu'à la moelle.

Et ridicule.

Rien ne paraît plus prétentieux qu'un écrivain qui se prend pour un écrivain !.. On se demande d'ailleurs bien pourquoi : un architecte n'hésite pas à faire figurer ses titres sur sa carte de visite, tous les peintres que j'ai connus répondent : « Je suis peintre » à qui les questionne sur leur métier. J'avais une amie qui précisait « artiste-peintre », afin de se différencier des peintres en bâtiment. Cela me touchait plutôt, au rebours de ce que je ressens face à certains qui n'ont aucun complexe à se décréter eux-mêmes « écrivains », l'air de dire : « Faites-en autant si vous pouvez ! »

Nous pouvons tous en faire autant, et c'est ce que je m'évertue à répéter autour de moi : « Vous écrivez des lettres, votre journal intime, vos dissertations ? Vous êtes écrivain. » Le problème, c'est de ne pas s'arrêter après dix pages.

Cette difficulté à poursuivre tient à ce qu'il y a dans l'expression écrite de soi une forme de délivrance. Une fois délivré, pourquoi continuer ?

L'écriture a ce curieux privilège de s'assécher elle-même. Bien des écrivains ont peu à peu cessé d'écrire, parfois après un seul livre flatteusement accueilli. Ils avaient dit tout ce qu'ils avaient à dire. Du moins est-ce ce qu'ils déclarèrent. On ne retourne pas en analyse lorsqu'elle a porté ses fruits.

Et puis le fait d'écrire, comme celui de parler, procure une ébriété qui délie les langues. Mais l'écriture est un acte public, et il arrive qu'on le regrette. Michel Leiris m'a donné son sentiment sur les effets en retour de l'écriture : « Le langage, pour moi, n'est pas un outil pour fixer des pensées, mais un moyen de faire apparaître des pensées. » Risquent alors de surgir des vérités qui traumatisent l'auteur aussi bien que son entourage. Écrire est dangereux. Écrire n'est pas sûr. Écrire vous amène là où vous ne comptiez pas aller...

D'où le silence subit, parfois définitif, de certains.

Il y a deux sortes de silences. D'abord celui qui consiste tout simplement à se taire, et la liste est longue des auteurs de premiers romans, acclamés par la critique, dont on n'a plus jamais revu le nom sur une couverture de livre.

Ou bien ils publient des textes qui n'ont plus d'échos ni d'influence. (Souvent, au Fémina, il nous arrive de nous dire entre nous : « Nous allons le couronner, mais c'est son premier roman qui était bon, pas celui-ci... On va tout de même lui donner le prix au bénéfice du passé. ») Tenant compte du succès précédent, l'éditeur a malgré tout publié l'ouvrage, sachant pertinemment qu'il représentait chez son auteur un passage à vide qu'il espère provisoire. Parfois l'auteur se reprend, mais parfois c'est fini : il n'écrira plus rien de « valable », il a pris peur.

Aucun écrivain ne peut jurer qu'il sera épargné. Il arrive aux plus prolifiques – ils me l'ont avoué – de se dire, après une publication dans laquelle ils se sont particulièrement dévoilés :

« Certes, je viens d'avoir un beau succès, mais vais-je pourvoir me remettre à écrire après ça ? Ne suis-je pas allé trop loin ? » (Sous-entendu : en moi-même). Et les voilà qui prennent des notes, rédigent leur journal intime, écrivent à leurs amis pour tenter de se convaincre que la source coule toujours, que la machine à écrire n'est pas grippée...

Le phénomène se produit aussi en analyse : d'une séance sur l'autre, l'analysant se tait. Plus un mot. D'abord ennuyé : « Qu'est-ce que je fais là ? Je paie mon analyste pour rien ? » Puis terrorisé : « Et si je ne recouvrais plus jamais la parole ? »

Cela peut durer six mois. L'analyste s'embête un peu dans le dos de son client muet, mais il sait que quelque chose est « au travail » dans son inconscient. Le fait qu'il continue à venir à ses séances en est la preuve.

Soudain, le flot repart. On tente alors d'analyser pourquoi le patient s'est arrêté – cherchait-il un autre moyen de communication que le verbal, plus corporel, gestuel, télépathique, fœtal même, pour retrouver ce qu'il avait connu avant les mots dans le ventre de Maman ? Et qu'a-t-il découvert, éprouvé, qui fait qu'il a retrouvé accès à la parole ?

Ce genre d'incident ne peut être que bénéfique pour l'analyse. Il en fait d'ailleurs partie.

En revanche, quand on est écrivain, le dommage peut être important. Parfois irréparable.

Il m'arrive de dire : « Les agriculteurs ont plus de chance que nous : lorsqu'ils subissent une année de sécheresse, ils peuvent réclamer des subventions au gouvernement ! »

Qui vient au secours d'un écrivain réduit au silence ?

A l'issue d'un débat sur la diffusion du livre, où un ami et moi nous trouvons seuls à représenter les écrivains, je suis abordée par l'un des participants.

« Comment fait-on pour *monter* un roman ? »

Nous venons de parler distribution, réassortiments, mises en place, retours, et l'idée qui me vient, c'est que, par « monter un livre », cet homme entend la façon dont on le fabrique, l'imprime, le massicote, le colle, le relie. Je vais lui répondre qu'il s'agit là d'un travail compliqué qui requiert la contribution de plusieurs métiers différents. Le « montage » d'un livre, même simplifié par les techniques et les machines modernes, reste une opération coûteuse. D'où le prix du livre, souvent incriminé. L'objet-livre est un produit de luxe. Ne le sait-il pas, lui, diffuseur ?

« Je vois bien comment vous pouvez commencer à écrire un livre, poursuit-il, mais pour aller jusqu'au bout, comment faites-vous ? »

Je suis loin de compte – et même hors sujet! Mon interlocuteur me demande comment on fait un roman! Y ai-je jamais réfléchi?

Mon verre de pineau à la main, je cherche une réponse *vraie*. Je me dis alors que si cet homme s'intéresse à la question, c'est qu'il a envie d'écrire – sinon, à quoi bon se préoccuper de quelque chose d'aussi impondérable? Ce qu'il attend de moi, c'est une recette.

« Vous prenez, lui dis-je, une histoire qui vous préoccupe, un problème qui se pose à vous, mettons dans le domaine affectif: votre femme ou votre maîtresse vous trompe... Ou alors, c'est vous!... Vos enfants font des bêtises... Vous vous retrouvez à la porte de votre entreprise...

– Oh la la, répond-il, s'il s'agit d'emmerdes, il n'y a que l'embarras du choix!

– La liste des sujets de romans est inépuisable, c'est vrai... Il y a les femmes battues, les amants séparés, les exilés, les torturés, ceux qui aiment qui ne les aime pas, les jaloux, ceux qui ont peur de vieillir, ceux qui cherchent à souffrir, les assassins, ceux qui sont trop jeunes, ceux qui voudraient écrire et qui n'y arrivent pas...

– Et après, qu'est-ce qu'on fait?

– On s'empare du problème et on le met en scène.

– Tout cru?

– C'est là que votre travail commence. Vous imaginez des personnages comme si c'étaient des marionnettes. Cela peut être vous, des gens que vous connaissez. S'il s'agit d'un roman, vous leur prêtez d'autres noms, un autre physique... Vous changez aussi les lieux où votre affaire va se dérouler.

– Justement, comment faire pour que ça se déroule ?

– Vous ne racontez jamais d'histoires à votre entourage, ou à vous-même quand vous vous rasez ?

– Ça m'arrive. A la pêche, je parle même tout seul...

– C'est pareil, sauf que là, vous le faites par écrit. Vous rédigez le plus clairement possible l'histoire que vous avez dans la tête...

– J'ai peur de ne pas trouver les mots !

– Vous trouvez bien les mots pour parler ?

– Oui, mais pour écrire un livre, ça m'impressionne...

– Ne pensez pas au livre. Il s'agit d'une histoire comme il y en a tant, que vous allez raconter à votre façon.

– Et si je n'ai pas de talent ?

– Le talent est dans la manière de plaire ! »

J'ajoute pour moi-même et par réminiscence amoureuse : « Mais on ne plaît pas forcément à qui l'on voudrait plaire ! »

M'a-t-il cru ?

L'attaque survient quand je m'y attends le moins.

Cette fois, l'époux de la jeune femme qui me vend des robes vient vers moi :

« Il faut que Marie vous montre ce qu'elle écrit. C'est bon, vous savez... En tout cas intéressant !

– Je n'oserai jamais, interrompt Marie. De toutes façons, avec mon métier, je n'ai pas le temps d'écrire. »

Je bredouille quelques mots d'encouragement, sors de la boutique, mon sac griffé à la main, pensive.

Un agent de la circulation, que je connais de vue, verbalise ma voiture restée un peu trop longtemps – les essayages ! – devant la boutique de mode : on n'a droit qu'à dix minutes de grâce, elles sont depuis longtemps écoulées. L'agent m'aperçoit, son Bic s'arrête de courir sur son carnet de PV, il me sourit :

« Ah, madame Chapsal, justement, j'avais envie d'aller vous voir pour vous apporter mes poèmes et que vous me disiez ce que vous en pensez... »

Tout en conduisant, je n'arrive plus à rassembler mes idées : qu'est-ce qu'ils ont tous ? qu'attendent-ils de moi ?

Il m'arrive de me jurer : « Non, cela, je ne l'écrirai pas, c'est trop intime, ou alors trop dégoûtant, de toute façon il n'y a pas de mots pour le dire. En plus, je n'ai nulle envie de le rendre public. »

Il en va de même en analyse. Lorsqu'on va à sa séance après une nuit particulièrement torride, un incident scabreux, une humiliation à laquelle on s'en veut d'avoir été partie prenante, on rumine de la même façon : « Non, cela, je ne le dirai pas. »

Après tout, en analyse, on n'est pas à confesse, on ne se trouve pas dans l'obligation de tout avouer, l'analyste n'est pas Dieu le père, moins encore que le confesseur, il n'y verra goutte.

Dans les deux cas, pourtant, on finit par dire !

Il y a, dans l'aveu, un étrange engrenage, et si l'on ne va pas jusqu'au bout de l'histoire qu'on a entrepris de raconter, la maille manquante fait trou.

Plus d'une fois, sur le divan, il m'est arrivé de demeurer sans voix : plus rien ne se présentait à mon esprit que ce que j'avais décidé de ne pas aborder ! Finalement, je plongeais...

C'était un soulagement, presque un plaisir. L'on éprouve une jouissance toute spéciale à mettre en mots des affects, des sentiments, des faits qui, d'une certaine façon, « grouillaient dans le noir ».

« Eh bien voilà, c'est dit ! » lâche parfois mon analyste après un récit dont elle doit sentir qu'il m'a particulièrement coûté.

Grâce à ce tranquille réconfort – c'est vrai que le plafond ne m'est pas tombé sur la tête ! –, la prochaine fois, j'irai plus franco. J'avouerai sans vergogne les vœux de mort que je profère à l'encontre de ceux qui m'ont nui. « Les vœux de mort, me dit-elle, n'ont jamais fait mourir personne. » Je reconnaîtrai sans états d'âme avoir éprouvé du désir pour telle ou telle personne, indépendamment de son sexe ou de son âge. « Et alors ? C'est seulement le passage à l'acte qui n'est pas permis... » Et de me faire entendre que le désir est une impulsion sauvage, incontrôlée, que c'est à chacun d'y mettre bon ordre en fonction de sa morale. « Tu ne désireras pas la femme de ton père » – le commandement n'aurait pas lieu d'être si ce n'était pas la première impulsion de n'importe quel fils. Ou fille.

C'est ainsi, de malaise en malaise, d'aveu en aveu, qu'on se civilise.

Pour ce qui me concerne, au désordre et au carnage je préfère ce qui est travaillé par la main et l'esprit de l'homme : les jardins, les parcs, les beaux textes. Et qu'est-ce qu'un beau texte, sinon la pâte humaine ordonnancée par la raison ?

Beaucoup de ceux qui souhaitent écrire sont convaincus qu'il suffit de fournir la pâte pour avoir le gâteau. Ils ont aimé, ils ont souffert, ils ont vécu, une masse de souvenirs hante leur mémoire. Elle s'appelait Nénette, ah ces parties de pattes en l'air ! Et puis elle les a quittés, ils ont mordu les draps, ils trinquent encore. C'est une histoire unique, il n'y a qu'à raconter.

Je vais peut-être surprendre en disant que c'est à peu près ce que pensait Sartre : du moment que vous êtes vivant, vous avez quelque chose à dire. « Quand vous mettez-vous à écrire ? » m'avait-il demandé alors que je l'interviewais. C'est le seul des écrivains que j'ai vus à l'époque à m'avoir posé la question et encouragée à le faire. Mon premier sentiment fut qu'il se moquait du monde : m'avait-il bien regardée, moi, jeune femme journaliste, sans véritable expérience, n'ayant vécu aucune aventure digne d'être rapportée ? Écrire quoi ?

Ce que voulait dire le puissant manieur de mots, c'est que si l'on parle – et Dieu sait s'il parlait ! –, on doit bien être capable de tracer des signes sur le papier, et fouette cocher !

L'époque n'était pas encore aux confessions, mais Sartre leur a ouvert la voie. Dans *Les Temps modernes*, revue qu'il avait fondée avec Simone de Beauvoir, on a vu apparaître de ces récits qui, jusque-là, n'étaient pas admis dans la cité des lettres. Témoignage d'une prostituée, d'un ouvrier, d'une ménagère... Je ne m'en souviens pas exactement, mais je me rappelle fort bien notre surprise, à nous les beaux esprits ! Comment, ces gens-là, presque analphabètes, n'ayant jamais rien lu, rien étudié, avaient le droit d'écrire et d'être publiés ?

Écrire, peut-être pas, mais être retranscrits, oui.

Sartre fut sans doute le plus grand metteur en mots du siècle, à la façon dont il y a des metteurs en scène et en images. Tout ce qui vit, bouge, émet des sons, pouvait, à ses yeux, devenir de l'écrit. Pour ce qui est de la « littérature », on jugerait plus tard. Il ne s'en considérait pas le gardien, il laissait ce rôle-là à quelques sélectionneurs malthusiens comme Paulhan ou Chardonne qui dépensèrent des trésors d'énergie à convaincre leurs contemporains qu'écrire ne pouvait être le fait – rare – que de quelques élus.

L'élitisme conforte dans le sentiment de sa propre supériorité, et il m'est arrivé, dans mes chroniques, de dire de l'auteur d'un ouvrage dûment publié : « Ce n'est pas un écrivain. » C'était nier l'évidence, puisque j'avais son livre entre les mains !

Aujourd'hui, faisant violence à mon « goût », j'incline à me ranger à l'avis de Sartre : qui écrit est écrivain. Il avait génialement pressenti ce qui nous arrive : « Peut-être un jour l'écriture naîtra-t-elle n'importe où, chez n'importe qui, puis disparaîtra pour renaître chez le voisin. Il n'y aura plus d'écrivains, tout juste des hommes qui – entre autres choses – écriront. Ce sera plus vrai. Plus proche du besoin d'écrire qui est, chez tout le monde aujourd'hui, un absolu. »

Ces propos furent proférés devant moi, le 5 janvier 1959, rue Bonaparte ; je les ai retranscrits d'abord pour mon journal, puis dans un livre. C'est seulement maintenant qu'ils prennent vraiment sens pour moi.

Sur l'ultime fin de sa vie, j'ai vivement encouragé mon père, parce que c'était lui, à écrire. Il avait plus de quatre-vingt-dix ans et s'était jusque-là surveillé. Conseiller-maître à la Cour des comptes, il ne s'agissait pas de « rigoler », comme il répétait.

Mais je l'aimais, il m'aimait, en plus nous aimions beaucoup jouer ensemble : aux cartes, aux dés, aux dominos, aux devinettes qu'on trouve dans les journaux. Écrire ne fut qu'un jeu de plus vers lequel nous glissâmes de conserve, insensiblement, un retour à son enfance et à la mienne. Au début, je commençais un chapitre que je lui donnais pour qu'il le terminât de sa belle écriture verte. Jeu encore : mon père aimait les encres de couleur, les improbables papiers à en-tête du Sénat, de l'OTAN, de l'Assemblée de l'Union française... Tracer des blagues sur de tels papiers, quel plaisir !

De plaisir en plaisir, nous écrivîmes tout un

livre qu'il publia sous forme de mémoires : *Cent ans de ma vie.*

C'est avec mon père que j'ai éprouvé à quel point écrire est une activité insubordonnée, qu'il faut beaucoup de hardiesse et de désinvolture pour se permettre. Il lui arrivait d'ailleurs de me déclarer, le sourcil froncé : « Aujourd'hui, je n'écris pas, j'ai du travail à faire ! »

Cela signifiait du courrier, des factures à régler, des comptes à établir, des visites à recevoir. Papa tenait à maintenir la différence : l'écriture, c'est ce qu'on fait pour s'amuser une fois qu'on est en règle avec tout le reste...

C'est souvent qu'on me pose la question du nombre, et chaque fois je suis obligée de vérifier sur la page de garde de mon dernier ouvrage : à l'heure qu'il est, j'ai écrit douze romans.

Cela a-t-il une importance? Pas plus, à mon sens, que le nombre de feuillets que l'on rédige chaque jour, ou seulement une fois par semaine.

Ou quand il vous tombe un œil!

Je parlais avec une amie de cette question de la performance, passée au premier plan de nos préoccupations, surtout dans les grandes villes :

« Nous sommes contraints, lui dis-je, d'avoir en tête une quantité croissante de chiffres : le code de l'immeuble, le nôtre comme celui de nos proches, celui de l'alarme de l'appartement, comme celui de la voiture, parfois de la radio, le numéro de notre carte bleue, bien sûr, notre matricule de sécurité sociale... Et je ne parle pas des numéros de téléphone innombrables auxquels il faut rajouter désormais ceux des fax et des téléphones de voiture. Moi qui n'aimais déjà pas trop les chiffres, j'en suis infestée ! »

Comme mon amie a quatre enfants, elle embraye sur les performances en classe :

« Ils en sont non plus à se demander s'ils ont eu une bonne note, mais à savoir quel est leur rang, s'ils sont classés au tennis, dans quelle compétition ils vont concourir... Pour eux aussi, dès les petites classes, tout se traduit en termes de compétition. Il faut être partout le premier, le meilleur, multiplier les succès, auxquels s'ajoutent ceux de leur père ou de leur mère : on calcule le nombre de voitures, de paires de skis, de planches à voile, de téléviseurs, de postes de téléphone et même de montres !... C'est tout juste s'ils ne tirent pas gloire du nombre de divorces et de remariages de leurs parents ! Et c'est à qui ira le plus vite en tout ! »

Nous aussi, écrivains, gens du silence, sommes poussés à aller toujours plus haut, toujours plus vite ! Non seulement nous devons être performants face aux médias, mais aussi grimper sur la liste des best-sellers. Laquelle me fait penser à un cocotier ! Ceux qui sont en dessous vous obligent à monter ; une fois au sommet, un coup de vent secoue la grappe et au lieu de noix de coco, c'est vous qui dégringolez !...

C'est ma mère, d'abord, puis mon père, pour avoir vécu si âgés, qui m'ont fait prendre conscience de l'ineptie de la performance. Dans leur monde ralenti, où chaque seconde s'étirait vers l'éternité comme si elle devait être la dernière, nous avons ensemble vécu des merveilles. Il ne s'agissait guère d'arriver le premier au bout du jardin, mais, après un pas ou deux, de considérer l'arbre ou la fleur qu'on avait sous le regard, et d'en tirer tout le plaisir possible.

Chaque être vivant est la plus belle des performances. Ma mère, mon père devenaient de plus en plus friands de ces miracles naturels à mesure que leur univers se resserrait, du moins sur cette planète. Pour s'élargir ailleurs, sans doute.

Ah, ce n'est pas eux qui m'auraient demandé combien de romans j'avais écrits, ni même combien de feuillets j'avais noircis ce matin-là! Ils tentaient de me faire participer, comme si je leur étais de loin inférieure – et je l'étais –, à leur émerveillement devant la vie qui prend son temps pour aller au bout d'elle-même.

Les voir vieillir – quitter peu à peu le champ de l'efficacité – m'a fait admettre que ce qui m'entoure va me survivre, et j'y prends joie.

« Vous pensez à la postérité ?

– Oh oui, à la continuation de la planète ! Je la lui souhaite bonne et heureuse...

– Mais vos livres, l'avenir de vos livres ?

– Mes livres sont de la pâte à papier, ils dureront ce que dure le papier de nos jours. Sans doute moins longtemps que les parchemins ou le papyrus... »

La performance !

Mon amie Régine ne cache pas qu'elle souffre en écrivant. Pour elle, rédiger – ce qu'elle fait au mieux – ressemble à un pensum. C'est qu'elle est de la race de Colette : la vie lui plaît plus que l'écriture, et aller s'enfermer dans un cabinet noir quand il fait beau dehors, quel ennui !

Pour moi qui, par nature ou par destin, ai été placée plus loin des choses, me retirer pour écrire ne me fait presque rien : plutôt plaisir. Tandis que j'écris, la paix s'installe en moi. Je ne suis pas en train de me livrer aux mille et une activités qu'exige la performance : je ne conduis pas, n'ai pas à tenir compte des stops et des feux rouge à me préoccuper de mon niveau d'essence, je ne dégringole pas les escaliers du métro, je ne pousse pas du coude mes voisins de file à la poste, je ne rédige pas un courrier administratif, je ne téléphone pas tous azimuts... Je suis là, tranquille, pas pressée. Mon éditeur m'a dit : « Prenez tout le temps que vous voudrez. »

Je le prends, le temps, le plie et le replie pour en faire une cocotte en papier ! Est-ce que ça amusera les enfants ?

Écrire, c'est l'antiperformance.

Au début, je me contentais de me mettre dans ma position favorite : rencognée sur mon lit – mon « bateau ivre ». Dans le bruit des conversations familiales, j'ouvrais le cahier en cours pour y laisser courir ma plume, le bon gros stylo qui, à temps réguliers, exigeait le plein.

Tout était de qualité, à l'époque : le papier, l'encre, la plume d'or, laquelle avançait en grinçant sur la page blanche, ce qui donnait à l'acte d'écrire un cachet artisanal.

On ne se préoccupait pas de mon activité du moment que j'étais là, par le corps. En revanche, dès que je sortais de la chambre, qui nous servait de pièce commune, pour aller aux toilettes, à la cuisine, on s'inquiétait : « Où vas-tu ? »

Tant qu'un écrivain est à sa table, donc repérable dans le temps et l'espace par l'entourage, tout le monde est quiet. Alors qu'en pensée le plumitif est peut-être dans le carnage, la destruction, l'érotisme, le sadisme, la torture... On peut imaginer Sade, vivant encore avec sa femme, Rimbaud, à l'étage, chez sa mère, Marx, tandis que Jenny Marx épluche les pommes de terre, tous bien sages, bien silencieux, à peine révélés par un minuscule bruit de termite, et pourtant en train de tirer à eux la couverture des apparences.

Dès mes quinze ans, j'ai pris conscience de la scène dont je faisais partie : d'un côté, la présence de notre groupe familial, avec ses rires, ses disputes, ses cris, ses coups de téléphone, auxquels je participais d'un œil et d'une oreille, parfois d'un mot; de l'autre, mon immersion dans l'activité de l'écriture. Ou plutôt sa passivité.

Je n'étais que le porte-plume : le discours venait d'ailleurs, s'imposait sans me laisser de relâche, exigeant peu ou prou de corrections. J'ai les cahiers devant moi : tout m'est venu d'une traite.

Preuve que l'acte d'écrire est en soi schizophrène. Certains fous, on le sait, rédigent des textes admirables, traversés par des fulgurances, des vers ou des expressions dignes de Mallarmé, Saint-John Perse, Antonin Artaud.

Pourquoi ne se révèlent-ils pas écrivains ?

Parce qu'ils ont lâché le réel.

Bach composait ses chefs-d'œuvre avec un ou deux enfants, parfois trois, sur ses genoux, entre ses jambes... Mme de Staël, Georges Sand ne travaillaient bien qu'en famille, ou avec leurs amoureux du moment à proximité. De grands peintres ont œuvré tout aussi entourés, avec, en plus, quelques animaux familiers. Bonnard avait sa femme, Picasso sa cour... Et j'ai de mes yeux vu Jacques Lacan préparer ses séminaires, le week-end, sur une petite table à portée du coin où nous bavardions sans retenue. De temps à autre, le maître se mêlait à la conversation, comme si de rien n'était, qu'une partie de lui n'était pas au travail dans un tout autre univers.

C'est parce qu'il conserve ses repères dans le monde visible que l'être qui écrit peut être écrivain. Autrement il déraille, n'arrive pas au bout de son projet, d'ailleurs n'en a pas, et n'atteint donc pas le public.

Écrire, c'est instituer un monde imaginaire qui double au plus près le monde de la réalité, comme les doublures de soie appliquées à l'intérieur des vêtements. Si le travail est bien exécuté, la doublure se superpose de l'intérieur, sans tirer, sans dépasser. Les bons romans collent au réel sans l'imiter.

A tout prendre, j'aime cette idée d'être folle – le monde jugé raisonnable, en fait si destructeur, si meurtrier, ne me convient pas. Mon refus d'adhérer montre à lui seul que j'ai un « grain »... En revanche, l'idée que l'écriture est acte de fuite, protection contre la folie, une folie en elle-même, une contre-folie, me va tout à fait.

*Cet ouvrage a été réalisé par la*
*SOCIÉTÉ NOUVELLE FIRMIN-DIDOT*
*Mesnil-sur-l'Estrée*
*pour le compte des Éditions Fayard*
*en septembre 1993*

*Imprimé en France*
Dépôt légal: octobre 1993
N° d'édition : 6762 – N° d'impression : 24677
35-33-8907-01/4
ISBN : 2-213-02971-7